データ分析の力
因果関係に迫る思考法

伊藤公一朗

光文社新書

はじめに

あらゆる場でデータ分析が求められる時代

ビッグデータに象徴される情報技術の発展によって、生活やビジネスに関わる様々なデータが記録され、比較的容易に大量のデータが手に入るようになってきています。このような現象は私たちの生活の何を変えるのでしょうか？

情報通信革命がもたらす一つの大きな変化は、**データ分析の力が特定の専門職に就いている方だけではなく、これまで以上に多岐にわたる職種において要求されるようになってきているいることです。**

ある民間企業での会話を考えてみましょう。

営業部やマーケティング部を覗《のぞ》いてみると、こんな会話が聞こえてきたりします。

「来期にどんな広告戦略を採用すると売り上げが上がるのか知りたいので、過去に打った広告の売り上げデータを調べて、広告が売り上げに及ぼす影響を調べてくれませんか？」

一方、人事部を覗いてみると、

「社員の仕事の効率を上げるためにはどんな方法がいいか知りたいのですが、社員が会社内で仕事をしていた時間のデータと、外回りに使った時間のデータ、そして営業成績のデータを見たら、労働時間が営業成績にどんな影響を及ぼしているのかわからないでしょうか？」

というような会話を耳にすることが少なくありません。

また、こういった変化がやって来ているのは民間企業に限りません。官公庁や学校など、非営利機関に勤める方も、これまで以上に多くのデータに接するようになってきており、データ分析を行うことを求められたり、誰かが行ったデータ分析結果を利用する機会が増えてきています。

例えば、官公庁では、

「去年実施した補助金政策がどれだけの効果を上げたかを分析して、財務省に報告する必要が出てきました。確か補助金をもらった企業のデータを収集していたはず。これを分析したら、補助金の効果について何か言えないでしょうか？」

といった議論が、特に事業仕分け以降の流れで頻繁に行われるようになりました。

同様に、学校などの教育現場でも昨今では授業評価や教育の効果評価などが注目されてきているため、

「これまで使ってきたどの教材が効果があったかを知りたいので、生徒たちの理解度のデータを集めて分析してみましょう」

といった議論が頻繁に行われるようになってきています。

文系にも理系にも求められる分析力

一昔前までは、データ分析は数字に強い理系の方の専門分野、と考えられてきました。しかし、これからの時代には理系・文系にかかわらずデータ分析力は様々な職業や立場で働く方に必須の力になってきます。

まずは、ここまで見てきた例だけでも、データ分析を活用する場は技術者や科学者が集まる現場に限らないことがわかります。文系としての教育を受けてきた人が、データ分析を行

わなければならない状況は今後ますます増えてきます。

また、先に述べたように、仮に自分自身がデータ分析を行う立場でない場合であっても、職場での重要な決定が「誰かのデータ分析」に基づくようになる機会が増えてきています。そのため、自分が分析の当事者でない場合にも、**「誰かのデータ分析に騙されないために」データ分析の結果を見極める力が重要になってきている**のです。

ビッグデータ時代にも不可欠な分析力

こういった変化が世の中で起こっているにもかかわらず、多くの方にとって「データ分析」という考え方は馴染《なじ》みがありません。小学校から高校までの授業で算数や理科は教わりますが、日本の学校教育で「データ分析」という考え方を教わることは稀《まれ》です。

ビッグデータはたくさんのデータを提供してくれるから全て解決してくれる、という論調もありますが、**データの扱い、分析、解釈においては、本書で解説していくように人間の判断が重要な役割を担います。**

昨今ＩＴ業界を始めとする様々なビジネス業界でも、ビッグデータが存在するだけでは実務の改善に至ることは難しく、ビッグデータを解析しビジネス現場の意思決定に利用できる形にする分析力（アナリティクス）が重要だという認識が高まってきています。

特に、本書で焦点を当てる**「因果関係の見極め方」においては、データの量が増えても根本的な解決にはならないので、私たち自身がデータを見極める力を備える必要がある**のです。

寿司職人の仕事に通じるデータ分析の心得

データ分析で大切になる心得は、寿司職人の仕事に通じるものがあります。美味しいお寿司を提供するのには最低限必要な3つのことがあるそうです。

1点目は、素晴らしいネタを仕入れること。2点目は、そのネタの旨味を生かせる包丁さばきができること。どんなに素晴らしいネタを仕入れることができても、ネタをどのような角度で切るかという技能が身についていないと、口にしたときの旨味は出ないそうです。また、3点目は、目の前のお客さんが求めている味や料理を提供できているのか、という点です。

言われてみると、著者の住むアメリカでは、素晴らしいネタを仕入れられる寿司屋さんは探せば見つけられるのですが「ネタの旨味を生かせる包丁さばきができる職人」や「日本人の嗜好《しこう》に合う味を提供してくれる職人」を見つけることは容易ではありません。

同様のことがデータ分析にも言えます。

情報通信革命によって、多くの人が比較的容易に良いデータ（ネタ）を手に入れられるようになりました。これは素晴らしいことです。しかし、同時に**「データをどのような角度で切るのか」というセンスや思考法を身につけないと、せっかくのネタを生かす分析はできません。**

また、どんなに美しいデータ分析ができても、それがデータ分析結果を必要とする側にとっての課題に答えてくれるものでないと、素晴らしい分析結果なのに全く役に立たない、本末転倒なことになってしまいます。

では、データ分析を行うにあたって、具体的にはどのような考え方や技能が必要とされるのでしょうか？

この点について新書レベルで解説してくれる入門書があれば、多くの方にとって有用かもしれない、と考えたのが本書を書くに至った出発点です。

因果関係を見極めることは、ビジネスや政策の様々な場面で鍵となる

本書では「広告が売り上げに影響したのか？」「ある政策を行ったことが本当に世の中にとって良い影響をもたらしたのか？」といった、因果関係の解明に焦点を当てたデータ分析入門を展開していきます。なぜ因果関係に焦点を当てるかというと、**因果関係を見極めることは、ビジネスや政策における様々な現場で実務家にとって非常に重要となるためです。**

例えば、オバマ前大統領は２０１２年の選挙戦で、選挙広告戦略の因果関係を適切に見極めたため、約６０００万ドル（72億円）の追加的選挙支援金を集めることができました。ＩＴ企業のグーグルは、ウェブサイトの文字の色と閲覧者数の因果関係を分析することで利益を伸ばしています。また、タクシー業界の新規参入者であるウーバーは、価格と消費者行動の因果関係を見極めることで、タクシードライバーの数と利用者数を最適化できる方法を取り入れています。

昨今では、因果関係分析によって最適なビジネス戦略を見極めることは多くの企業にとって日常的なものになってきているのです。

また、因果関係分析を真剣に行うと、良かれと思って行った政策が予測しなかった結果を

もたらしたり、逆に効果が小さいと思われていた政策が実は大きな政策効果を生み出していたことも明らかになります。

例えば、日本政府が自動車の燃費を改善するために行っていた環境政策が、実は自動車の重量増につながっていたことがわかりました。アメリカ政府が景気刺激策として行ったエコカー政策は、単なるバラマキ政策で景気刺激にはあまり役立たなかったこともわかりました。また、青少年への犯罪防止教育には予想以上の犯罪抑止効果があり、さらに学業へも良い影響が出るという、予想外の政策効果も明らかになりました。

以上で挙げたビジネスや政策に関する具体例は、本書で紹介していくデータ分析活用例の一部抜粋です。本書を読んでいただければ、ビジネスや政策現場の様々な具体例を通じて、なぜ因果関係分析が大切なのか、なぜそれが難しいのか、そしてどのような解決方法があるのかを垣間見《かいまみ》ていただくことができます。

本書の目的と構成

本書では、データ分析の考え方で最も基本になる「因果関係の見極め方」について、**数式**

を使わず、具体例とビジュアルな描写を用いて解説していきます。

もちろん、データ分析のスペシャリストになるには、統計学の深い知識や統計ソフトを駆使する力が必要です。しかし、それよりも手前のデータを分析する際にはどんなことに気をつけなければならないのか、という入門編では、数式的な理解ではなく「直感的な考え方の理解」が大切なのではないか。これがデータ分析の実務と教育に携わってきた著者の行き着いた結論です。

そのため、「統計学や計量経済学は勉強してみたけど好きになれなかった」という方も、従来とは違った切り口で書かれたデータ分析の入門書として手にとってもらえれば幸いです。むしろ、本書を読んだ後に、「そうか、データ分析って、こんなに面白いのか。こんなことができるようになるなら、もう少し深く勉強してみたい」と思っていただけることを目的としています。

本書の構成

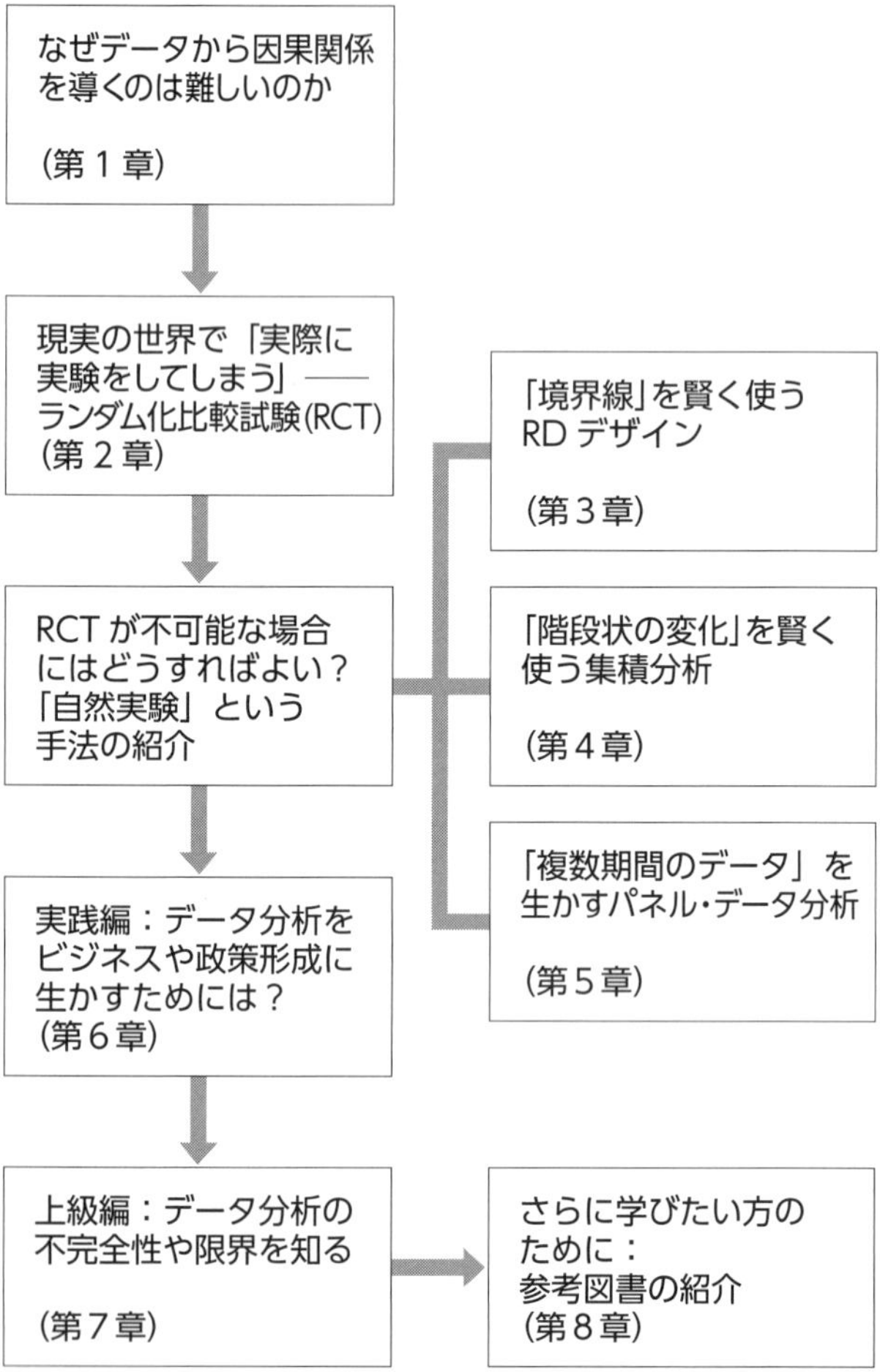
なぜデータから因果関係を導くのは難しいのか
(第1章)
現実の世界で「実際に実験をしてしまう」――ランダム化比較試験(RCT)
(第2章)
RCTが不可能な場合にはどうすればよい？「自然実験」という手法の紹介
「境界線」を賢く使うRDデザイン
(第3章)
「階段状の変化」を賢く使う集積分析
(第4章)
「複数期間のデータ」を生かすパネル・データ分析
(第5章)
実践編：データ分析をビジネスや政策形成に生かすためには？
(第6章)
上級編：データ分析の不完全性や限界を知る
(第7章)
さらに学びたい方のために：参考図書の紹介
(第8章)

第1章では、「なぜデータから因果関係を導くのは難しいのか」という解説から入ります。先ほどの営業部とマーケティング部の例、人事部の例、官公庁での例、学校での例に共通しているのは、データ分析の究極の目的は「何かを行うこと（X）が結果（Y）にどのような影響を及ぼしたか?」という因果関係の解明に行き着く場合が多い、ということです。

マーケティングの例では、「広告（X）が売り上げ（Y）にどのような影響を及ぼしたか?」という問いであり、学校の例では、「教材（X）が生徒の理解度（Y）にどのような影響を及ぼしたか?」という問いでした。第1章では、一見シンプルに見えるこの問題が、世の中のデータを分析する際にはなぜ難しいのかを直感的に解説します。

第2章では、「因果関係を導くのは難しい」という問題を100%解決してくれる、最良の方法について紹介します。この方法は、医学や経済学など学術分野では、RCT（**ランダム化比較試験**、Randomized Controlled Trial）と呼ばれており、ビジネス分野ではA**B テスト**とも呼ばれているものです。医学の分野では昔から当然のように取り入れられてきた手法でしたが、経済学やビジネスの分野では、最近になって多用され始めた、最新の手法と言えます。ここでも、数式を使わずに直感的な説明を試みます。

さて、最良の方法であるRCTが常に可能であれば理想的なのですが、様々な理由により、

ＲＣＴを行うことができる機会は限られています。

では、ＲＣＴができない場合はどうしたら因果関係を導くという問題を解決できるのでしょうか？

近年の経済学研究では、この問題に答えるための研究が盛んに行われています。中でも、「まるで実験が起こったかのような状況を上手《うま》く利用する」という考え方の「**自然実験**(Natural Experiment)」という手法が様々な場面で使われています。第３章から第５章では、ＲＣＴができない場合に、どのような「自然実験手法」を用いることができるかについて解説します。

第３章で扱うのは、**ＲＤデザイン**(Regression Discontinuity Design、回帰不連続設計法)という方法です。

これは、世の中に存在する「境界線」を上手く使うと、誰も実験をしたわけではないのに「あたかも実験が起こったような状態」を考えることができるという方法です。ここでの境界線とは、地理的な境界線や企業が設定する価格が急に変化する点、政府の補助金がある年齢を境に変化する点など、非常に広い概念の境界線です。そのため、この方法をデータ分析に利用できる機会は予想以上に多いことも解説します。

第4章では、最近経済学の研究で取り入れられるようになってきている、**集積分析**(Bunching Analysis)という手法を解説します。

世の中には、累進課税を採用している所得税や、給料体系、政府による規制値の変わり方、企業による価格設計のやり方など、報酬や支払いが「階段状に変化する」場合が数多くあります。このような場面でも、階段状の変化を賢く利用することで「あたかも実験が起こったような状態」を考えることができます。

第5章では、データが複数期間にわたって入手可能な場合に利用できる、**パネル・データ分析**(Panel Data Method)という手法について解説します。

例えば、広告出費データ、売り上げデータ、職員の労働時間のデータ、学生の成績データなど、身の回りの多くのデータは、毎月・毎年と複数期間にわたって集めることができます。また、このようなデータはある一個人や一企業だけではなく、複数の個人や企業に関して収集することも可能です。「データが複数期間、複数個人に対して存在する」ということを利用すると、どのようにして因果関係分析を行うことができるのでしょうか? 第5章ではこの点について解説します。

さて、実際に企業や公共機関で働く実務家の立場から考えた場合、第5章までに解説したようなデータ分析を実務での意思決定に生かしていくためには、どのような道があるのでしょうか？

第6章では諸外国での具体例を多数紹介しながら、どのようにすればデータ分析をビジネス戦略や政策形成に生かせるのかについて考えていきたいと思います。

入門書という性格上、第6章までは上級者向けの内容を割愛しています。本書で紹介する方法論は学術的にも最新の方法であり、実務的にも非常に有用な方法です。しかしながら、どんな方法論にも弱点や欠点があり、それらを認識しておくことは重要です。第7章では、上級編としてデータ分析の不完全性や限界について解説します。

最後に、第2章から第5章までに紹介する全ての方法が利用できない状況では、どのようなデータ分析を行えばよいのでしょうか？　経済学の最新研究では、そのような状況でも応用可能性のある分析手法（操作変数法、マッチング推定法、合成対照群法、離散選択推定法、構造推定法など）が開発され続けています。残念ながら、このような手法は数式の助けを借りなければ明瞭な解説はできないため、本書での掲載は諦めました。その代わり、第8章では「さらに読み進めてみたい方への推薦書」について解説を行っています。

本書は、著者が２０１４年10月にボストン日本人研究者交流会で講演した資料をもとに、シカゴ大学での授業内容や研究内容を加えて書籍化したものです。内容的には「経済学の実証分析」という分野の一部を、方法論と具体的応用例に焦点を当てて一般向けに解説したものになっています。経済学というと、数式を使って理論的な分析を行う経済理論を思い浮かべる方が多いと思います。しかし近年の経済学では、経済理論の研究と共に「理論的予測が本当に現実社会で起こっているのか、データを使って分析する」という「経済学の実証分析」という研究が盛んに行われています。本書で扱うデータ分析の具体例を見ていただくことで、「なるほど、経済学や経済理論がデータ分析と結びつくと実はこんなに面白いのか」と感じていただけたら嬉しく思います。

２０１６年秋　シカゴにて

伊藤公一朗

目次

第1章　なぜデータから因果関係を導くのは難しいのか

なぜデータから因果関係を導くのはとても難しいのでしょうか？

本章では、この点について３つの具体例を用いて説明します。

１つ目は、企業で働く方の目線から考えたマーケティング戦略の例です。２つ目は、公的機関で働く方の目線から考えた政策形成の現場の例です。また、３つ目の例として教育に携わる機関で働く方の目線から考えた具体例を考えてみたいと思います。

例１：広告の影響でアイスクリームの売り上げが伸びた？

あなたはアイスクリームを売る企業のマーケティング部に所属しています。現在社内では、ウェブサイト上で広告を表示することによって今年夏のアイスクリームの売り上げを伸ばすことができないか、ということが検討されています。あなたは上司から、広告を出すと売り上げがどれだけ伸びるのかデータ分析をしてほしいと頼まれました。

過去のデータを見てみると、次のことがわかりました。

２０１０年にあなたの会社では、あるアイスクリーム商品についてのウェブ広告を出しました。すると、広告を出さなかった２００９年と比較して、２０１０年の売り上げは40％上がっていました。そのデータの動きをグラフにしたのが図表１‐１です。この図では、広告を出した影響で売り上げが伸びたように見えます。そのため、あなたは上司に対し以下のような報告をしました。

「この図を見ていただくとわかるように、広告を出した影響により２０１０年の売り上げは２００９年に比べて40％上がった、ということが分析からわかりました」

さてここで、なぜあなたの結論が間違っている可能性があるのか考えてみてください。どんな可能性が考えられますか？

ここでの問題は、

「広告を出した　→　広告の影響で売り上げが40％伸びた」

という広告から売り上げへの因果関係（英語ではcausal relationship、もしくはcausalityと呼びます）が、あなたのデータ分析結果から導けるかどうかです。

例えば、２０１０年の夏が２００９年の夏よりも猛暑だった場合はどうでしょうか？

図表1-1 広告の影響でアイスクリームの売り上げが伸びた?

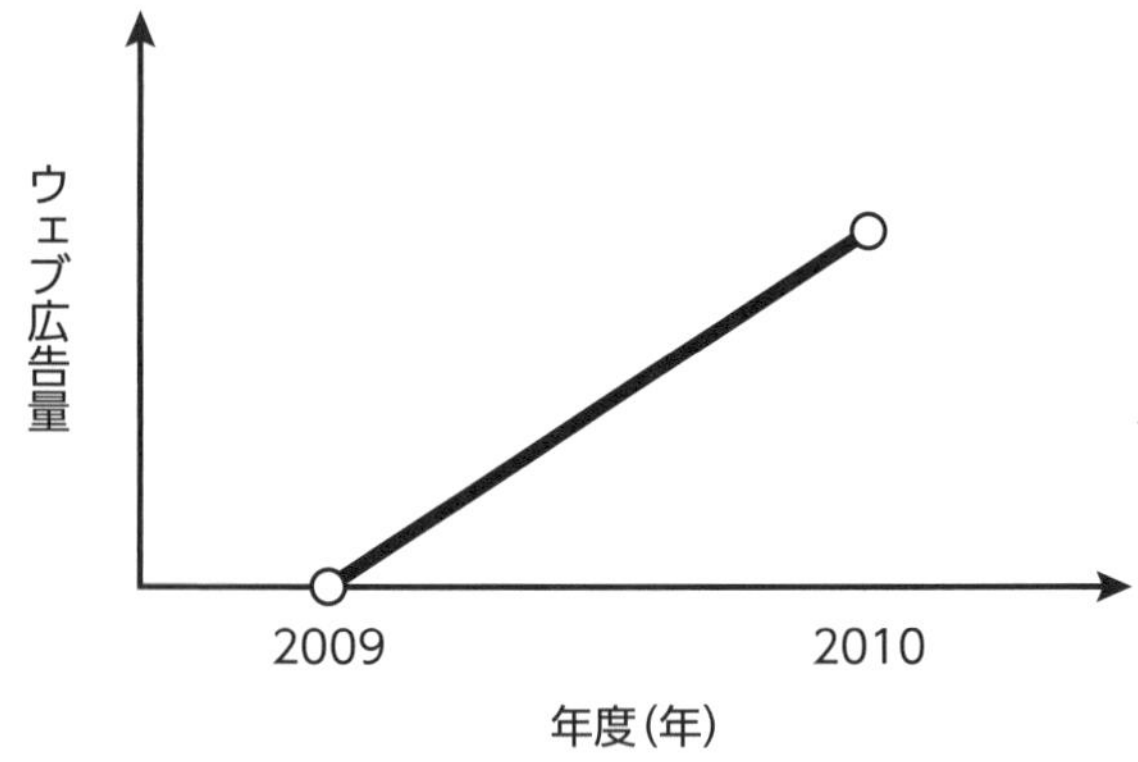

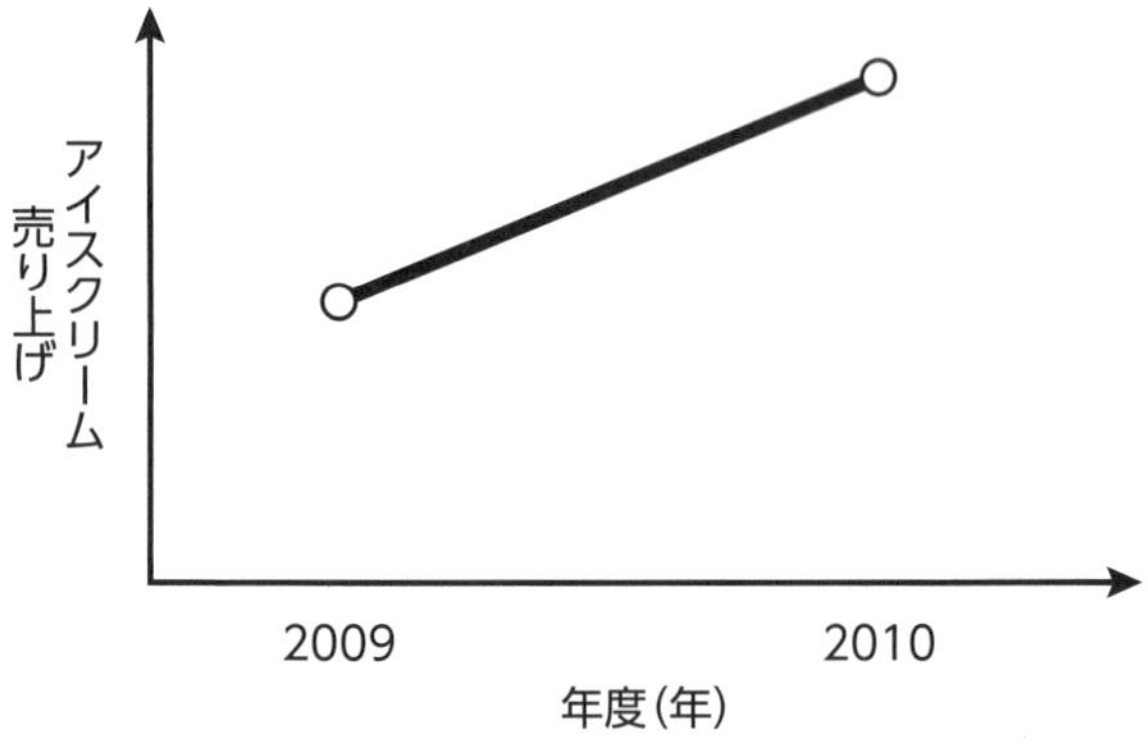

データを見ると、広告量が2010年に増えたと同時期にアイスクリームの売り上げも増えています。果たして、このことから「広告がアイスクリームの売り上げを促したのだ」という因果関係を主張できるでしょうか?

実際に日本では2009年は比較的冷夏で、2010年夏は猛暑でした。その場合、40%の売り上げ増というのは、広告の影響ではなく、単に気温が高くなったために消費者がアイスクリームを求めたから、という可能性はないでしょうか？

他にも様々な理由が考えられます。

例えば、日本では2008年の世界金融危機以降、消費が冷え込みましたが、2010年あたりから少しずつ消費が上向きになりました。その場合、40%の売り上げ増は広告の効果ではなく、単に経済が全体的に良くなって消費者がお財布の紐を緩め始めたからだった、という可能性はないでしょうか？

例2：電力価格が上昇した影響で節電が進んだ？

2つ目の例として、政策を実施する政策担当者の抱える課題について考えてみましょう。あなたは経済産業省の職員で、来年夏の節電対策を考えています。今回のプロジェクトの目的は、電力の価格を上げるとどれだけの節電効果につながるのかについて上司に報告することです。その目的のため、あなたは過去の電力価格と電力消費量のデータを集めました。

データを見てみると次のことがわかりました。

日本のある地域では２０１２年に電力価格の上昇がありました。仮に、２００８年の電力1単位あたりの価格は20円、２０１２年の価格は25円としましょう。一方、消費量のデータを見ると、２０１２年の電力消費量は２００８年と比較して1時間あたり5kWh下がっていました（注：kWh＝キロワットアワーは電力消費量の単位です。日本の平均的なご家庭の使用量は、夏の間は1時間あたり20kWhほどです）。そのため、上司に対し以下のような報告をしました。

「図表1‐2を見ていただくとわかるように、5円の電力価格上昇による影響で、消費量が5kWh下がったことがわかりました。そのため、電力価格を上げれば大きな節電効果が得られると期待できます」

さてここで、なぜあなたの結論が間違っている可能性があるのか考えてみてください。どんな可能性が考えられますか？

ここでは電力の価格が消費量に及ぼした影響を言いたいわけですが、他の要因が色々と考えられないでしょうか。

例えば、２０１２年は比較的涼しい夏だったため、エアコン利用が減った可能性があります。もしくは、２０１１年に起きた東日本大震災によって、消費者の節電意識が高まったの

図表1-2 電力価格上昇による影響で電力消費量が下がった？

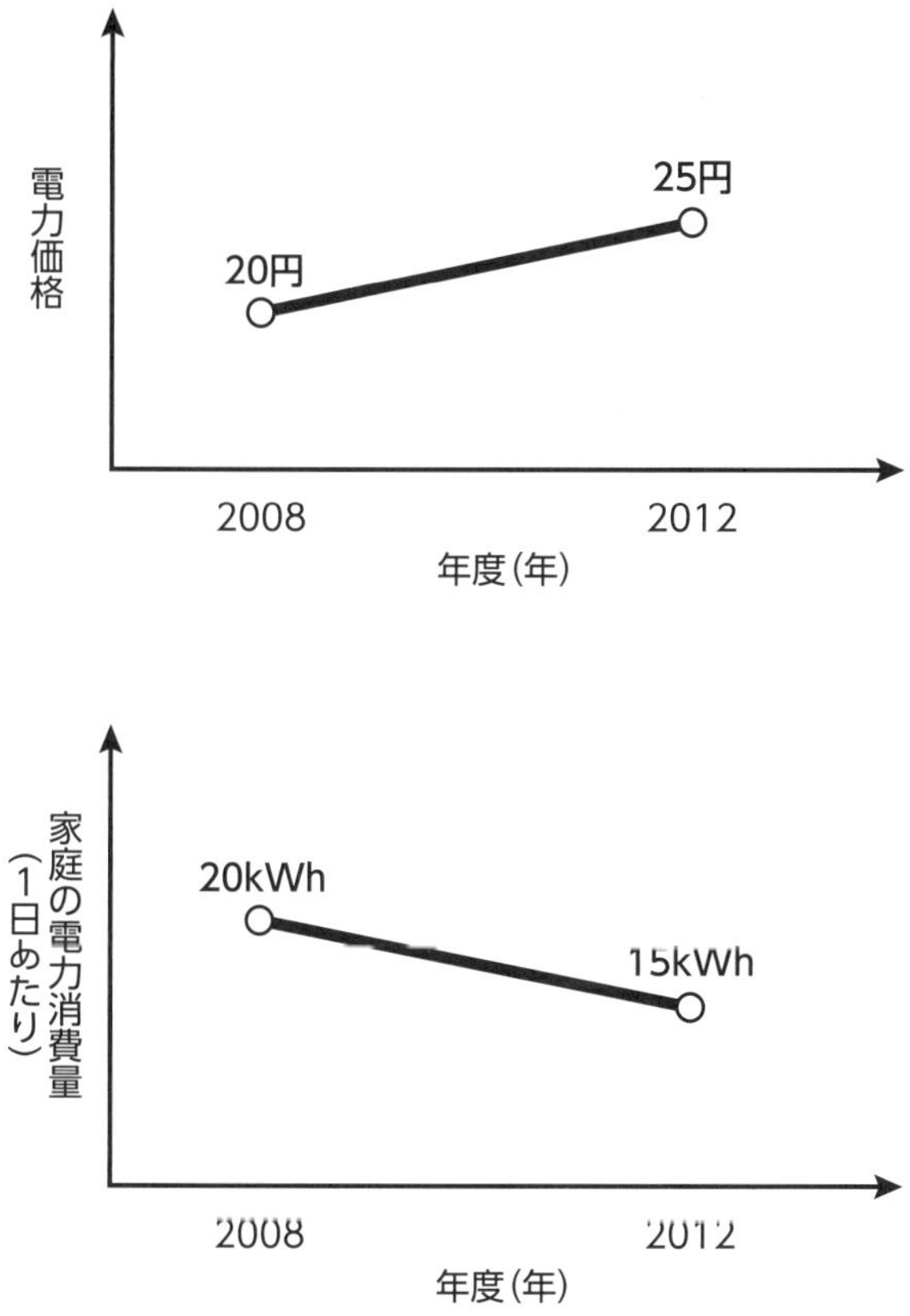

データを見ると、電力価格が2012年に上昇したと同時期に消費量の低下が起こったように見えます。果たして、このことから「電力価格上昇が節電を促したのだ」という因果関係を主張できるでしょうか？

かもしれません。そうすると、広告とアイスクリームの例と同様、このデータ分析からでは「電力価格の変化が電力消費量の変化をもたらした」という因果関係を判定できない、という問題が残るのです。

例3：海外留学をすると就職しやすくなる？

同じようなデータ分析の問題を、教育の例を使って見てみましょう。
先日、以下の新聞記事を目にしました。

「海外留学に力を入れているある大学の調査では、留学を経験した学生が、留学を経験しなかった学生よりも就職率が高いことがわかった。このデータ分析の結果から、留学経験は就職率を向上させるのであると大学は報告している」

留学を経験した学生が、留学を経験しなかった学生よりも就職率が高かったという記事の前半部分は、データが示している事実なのだと思います。しかし、その結果から、

「留学を経験する　↓　就職率が上がる」

という因果関係を導くことはできるでしょうか？

ここで、留学経験がある学生Ａさんと、留学経験がない学生Ｂさんを考えてみましょう。問題は「留学を経験した」という点以外についても、ＡさんとＢさんは異なる可能性が高いということです。

例えば、Ａさんは留学をできるほどの財力が家庭にあった可能性が高いかもしれません。または、留学の奨学金を受けられるほど、もともと成績が良かったのかもしれません。さらに、そもそも留学をしたいという強い意志や、好奇心があった可能性もあります。

以上のように、留学をしたという点以外でＡさんとＢさんに違いがあった場合、２人の就職率に影響を与えたのは留学だったのかもしれないし、それ以外の要因だったのかもしれないのです。

因果関係を立証するのが難しい理由1：他の要因が影響していた可能性がある

ここまでの3つの例で共通しているのは、「ある要素（X）が結果（Y）に影響を与えた」というX→Yの因果関係が主張されている点です。最初の例では広告（X）がアイスクリームの売り上げ（Y）に影響した因果関係を主張しており、最後の例では留学経験（X）が就職（Y）へ影響した因果関係の主張でした。

ここで「XがYに影響を与えた」という因果関係を示すことが難しい一番の理由は、「**Yが変化したのはX以外の他の要因の影響だったのでは？」という問題を排除できないこと**です。

データ分析者は、XがYに影響した、と主張したわけです。ところが、通常、世の中は実験室のように単純ではありません。Xを発生させたと同時期に、色々なこと（XやYではない要素をVと呼ぶことにしましょう）が起こり得ます。

広告の例の場合、広告というXを発生させたと同時に、気温の上昇や経済状況の変化といったVが発生している可能性があります。留学政策の例の場合、留学をしたというXと同時に、留学前からの成績、親の財力、国際的志向といったVがYに影響している可能性があるのです。

その場合、図表１－１や図表１－２にあるように、ＸとＹのデータが同時に動いているように見える場合でも、ＸがＹに直接影響を与えたのではなく、ＶがＸとＹの両方に影響を及ぼしただけ、という可能性があるのです。

因果関係を立証するのが難しい理由２：逆の因果関係だった可能性もある

さらに、場合によっては、実は「ＹがＸに影響を与えたのではないか」という「逆の因果関係（reverse causality）」の可能性を否定できないこともあります。

アイスクリームの例では、

「２０１０年の初期に猛暑の影響でアイスクリームの売り上げが伸びたので、会社としてはその売上金を使ってウェブ広告を始めてみた」

という可能性もあります。この場合、Ｘ→Ｙという因果関係ではなく、Ｙ→Ｘという因果関係が存在しているわけです。

因果関係は相関関係とは違う

図表1‐1や図表1‐2のように、2つのデータの動きに関係性があることを、統計学では「相関関係がある」と呼びます。実は、データが手元にあれば相関関係を計算することは容易です。例えば、図表1‐1や図表1‐2のようにグラフを描いて、2つのデータの動きの関連性を調べるのも一つの方法ですし、エクセルなどのソフトウェアを使って相関関係の値を計算することも簡単にできます。

問題は、**XとYに相関関係があることがわかっても、その結果を用いて因果関係があるとは言えないこと**です。

相関関係と因果関係が違うことは多くの本で紹介されていますが、初めて聞く方にとっては多少戸惑う点です。わかりやすくするため、図表1‐3に「XとYに相関関係がある場合に起こり得る3つの可能性」を示してみました。

図表1-3 データ分析から因果関係を立証することはなぜ難しい?

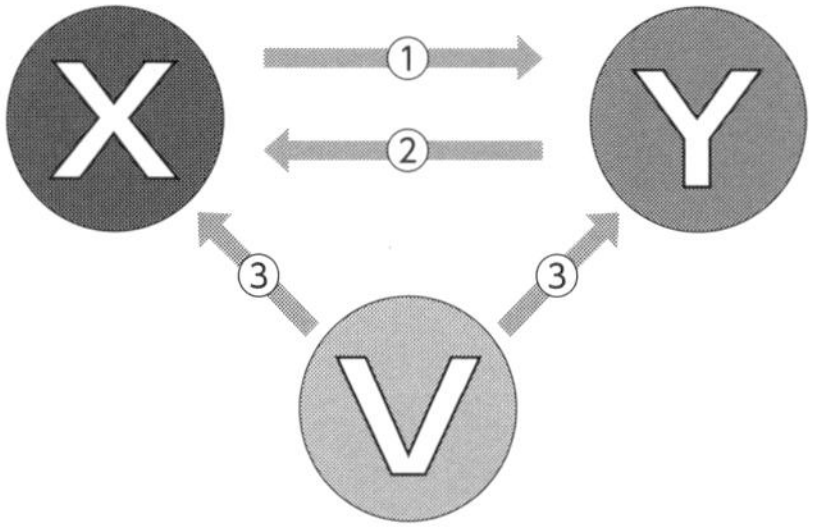

この図では、XとYのデータの動きに関連性がある場合(つまりXとYに相関関係がある場合)に起こり得る3つの可能性を図示しています。1つ目の可能性は、XがYに影響を与えている可能性(①)。２つ目は、YがXに影響を与えている可能性(②)。3つ目は、Vという第3の要素がXとYの両方に影響を与えている可能性です(③)。データ分析者にとって厄介なのは、XとYの相関関係を観測しただけでは、3つのどれが本当に起こっているか判定できないことです。

①XがYに影響を与えている可能性
②YがXに影響を与えている可能性
③VがXとYの両方に影響を与えている可能性

データ分析者にとって非常に厄介なのは、この３つの可能性の全てが図表１-１や図表１-２のデータの動きと整合的であることです。アイスクリームと広告の例に戻れば、図表１-１のデータの動きを見ただけでは、

①広告（X）が売り上げ（Y）に影響を与えた可能性
②売り上げ（Y）が広告（X）に影響を

与えた可能性
③他の要因（V）が広告（X）と売り上げ（Y）の両方に影響を与えた可能性
という3つの可能性のどれが本当なのか、判定できないのです。

世の中は怪しいデータ分析結果で溢れている

こうやって説明されてみると、データ分析から因果関係を導くことの難しさは直感的に理解できると思います。ところが、ニュースや新聞を見てみると相関関係と因果関係を混同させた怪しい分析結果は世の中に溢《あふ》れています。さらに問題なのは、**怪しい分析結果に基づく単なる相関関係が「あたかも因果関係のように」主張され、気をつけないと読者も頭の中で因果関係だと理解してしまっていることが多いという点です。**

以下の例は、実際に著者が見かけたことのある新聞記事の抜粋です。

「ある企業では社長が代わった次の年に株価が上昇した。これは新社長の改革の成果である」

↓社長が代わった以外にも株価が上昇した他の要因があり得る。

「政府が数億円かけて実施した補助金政策によって、補助金交付後、各地域で消費が増加した。これは、補助金が地域経済を活性化した証である」

↓補助金以外にも消費が増加した他の要因があり得る。

「ある学校では新たなカリキュラムを導入した。すると、生徒の理解度と成績が前年に比べて向上した。よって、新カリキュラムは旧カリキュラムよりも優れていることが示された」

↓カリキュラム導入以外にも成績へ影響するような変化があった可能性がある。

「マンションの高層階に住む女性の不妊率が高いことがデータから示された。よって、子供を産みたい女性がマンションの高層階に住むのは危険である」

↓マンションの高層階に住む女性と低層階に住む女性では、所得・年齢・職業など様々な別の要因が違う可能性があり、高層階に住むことが本当の要因なのかは明らかではない。

「電力市場の自由化改革を行った国の電力価格は、行っていない国の価格よりも高い。よって、電力市場自由化改革を行うと電力価格が上がってしまう」
↓電力市場の自由化改革を行った国とそれ以外の国では様々な要素が異なるので、自由化改革自体が価格に影響したのかは明らかではない。また、そもそも価格が高い国ほど自由化改革に取り組んだ、という逆の因果関係もあり得る。

このような論調は、一見すると素通りして因果関係と捉えてしまいがちです。しかし、一歩立ち止まってよく考えてみると、「XがYに影響したと結論づけているけれども、他の要因Vも影響している可能性があるのでは?」「もしかしたらYがXへ影響している可能性もあるのでは?」という疑問が出てきます。しかし残念ながら、**新聞やテレビで主張されていることの多くは、相関関係を誤って解釈して因果関係のごとく示されているものなのです。**

なぜ因果関係を見誤ると問題なのか？

さて、ビジネスの現場や政策決定の過程で、なぜ相関関係だけではなく、因果関係を見極めることが大切なのでしょうか？

この節では、因果関係を見誤るとなぜ問題なのか、そして、因果関係を正確に見極めることがビジネスや政策決定の現場でなぜ大切なのかを見ていきましょう。

先ほどの2つの例を思い出してみてください。

広告とアイスクリームの例では、「広告を打つこと」と「アイスクリームの売り上げ」に相関関係があることは、図表1‐1から理解できます。しかし、この分析をもとに「では今年度も数千万円を投じて広告を導入し、売り上げを伸ばそう！」という決断がなされた場合どうなるでしょうか？

先述したように、もし過去に売り上げが伸びたのが広告の影響ではなく気温や経済活動の変化といった他の影響だった場合、多額の費用を投じて今年度に広告を打っても、売り上げは上がらないことになります。つまり、**数千万円の投資が全くの無駄な出費になってしまう**のです。

同様に、留学と就職率の関係を考えてみましょう。

例えば、留学経験と就職率の相関関係をもとに「留学は就職率を上げるので、留学支援政策として補助金を投入しよう」という政策が政府によって打ち出されたとします。しかし、観測された相関関係が、「留学を経験したから」という理由ではなく、他の要因による影響だとしたらどうなるでしょうか（海外の大学で教鞭《きょうべん》を執る身としては、留学は素晴らしい経験になることだと思うので、これはあくまで仮の話ですが）。その場合、**国民の税金を投じて行われる補助金政策の根拠に誤りがあることになります。**

ビジネスの現場にしろ政策決定の過程にしろ、**物事を決定する際に鍵となるのは多くの場合「因果関係」であり、相関関係ではないのです。**

電気をつけたまま子供を寝かせると近視になる？

この点をさらに強調するため、相関関係があたかも因果関係のごとくに捉えられたが故に起こってしまった具体例を2つ紹介します。

1つ目は、ペンシルベニア大学の研究者が1999年にNatureという権威ある学術誌に発表した論文（Quinn et al., 1999）です。

研究者たちは、２歳以下の子供に対して、①寝ている時に電気をつけているか、②近視になっているか、というデータを集めました。その結果、寝ている時に電気をつけている子供ほど近視になっていることがわかりました。

論文を読んでみると、実は当の研究者たちは「この結果は電気をつけて寝ていることと子供の近視の相関関係を示しているだけで、私たちは因果関係を主張しているわけではない」と丁寧に述べているのですが、この論文を取り上げたメディアが「電気をつけたまま寝かせると子供が近視になる！」と大々的に取り上げてしまいました。その結果、多くの親たちが子育てに際してこの因果関係を信じることになりました。

ところが、その後にオハイオ大学の研究者が行った研究によって、これは単なる相関関係であることがわかりました。

彼らの研究によると、①近視を持つ親ほど寝る時に電気をつけていることが多く、②近視の親を持つ子供ほど「遺伝的に近視になりやすい」ということでした。つまり、図表１‐３を使って説明すると、寝る時に電気をつけていること（X）が子供の近視（Y）に影響しているわけではなく、親が近視であること（V）が寝る時に電気をつけていること（X）と子供の近視（Y）の両方に影響しているだけだったのです。

２つ目の例は、複数の国の政策に実際に影響を与えた例です。

２００５年頃から、マサチューセッツ工科大学のニコラス・ネグロポンテ教授（Nicholas Negroponte）を始めとするグループが、One Laptop per Child(OLPC)、日本語に訳すと「一人一人の子供にノートパソコンを与えよう」という政策を始めました。目的は、世界中の子供たち、特に開発途上国の子供たちにノートパソコンを無償支給することで、教育の質を向上しようというものです。

当初は、多くの国、国際機関、企業が協賛し、多額の資金を投じてノートパソコンが支給されました。例えばペルーでは総額２００億円のお金がこの政策に投じられました。その当時は、ノートパソコンを受け取った学校の子供たちの成績が、それ以外の子供たちの成績よりも高かったため（つまりノートパソコンを受け取ることと成績の間に相関関係があったため）「ノートパソコンを無償支給すると成績や考える力が向上する」と信じられていました。

しかし、２００９年に米州開発銀行（ＩＤＢ）がペルーで行ったランダム化比較試験（第２章で説明する手法）によって、ノートパソコンの無償支給プログラムが子供の成績に与える影響はほぼ皆無であることが明らかになりました。後に、この分析結果が一つの根拠となり、各国でこのプログラムからの撤退が始まりました。

データを集めることで他の要因を全て排除することはできるのか？

「相関関係は因果関係ではない」という問題を解決する方法の一つとして伝統的に紹介されてきたのは、考えられるだけのVのデータ（他の要因として考えられる要素のデータ）を頑張って集めて、できる限りVの影響を統計分析によって除くという手法です。しかし問題は、どれだけたくさんの種類のVの要素を考慮しても「もしかしたら別の要素も影響したかもしれない」という可能性が無限に出てきてしまうことです。

さらに、Vとして考えられる要素の中にはどうしてもデータとして手に入らない物もあります。アイスクリームの例の場合、気温や経済活動の変数はデータとして集められるかもしれません。しかし「消費者の好みが変わったのかも」「アイスを食べる人のうちウェブサイト広告を見る人が増えただけなのかも」など、Vとなり得る追加的要因はいくらでも出てきてしまい、中にはデータとして存在しないものも多くあります。

電力価格の例で言えば、気温などのデータは集められるかもしれませんが、節電意識が変わったのかもしれない、といった要素はデータとして存在しない可能性が高いのです。

同様に、留学と就職率の例で言えば、親の収入や学生の成績などのデータは集められるかもしれませんが、学生がもともと持っていた国際的志向、やる気、潜在的能力などの要素は観測が非常に難しい要素です。

経済学を始めとする社会科学の研究では、できる限りのVのデータを集めてVの影響を排除する統計分析手法が長年開発されてきました。しかし、1980年頃からこういった手法の限界が指摘され始めました。現在では因果関係を求める際には、Vとして考えられるデータをできる限り集めてくることは有用ではあるが、非常に限界があると考えられています。

データ観測数が増えてもバイアスの問題は解決しない

ビッグデータに象徴される情報通信技術の発達で、これまで以上にたくさんのデータ観測数を集めることができるようになってきていることは冒頭で述べました。

例えば、企業がアンケート調査をする場合、以前は数百人のデータを集めるだけでも高コストでした。しかし、現在ではウェブ調査などを活用することで数万人規模のデータが比較的容易に手に入るようになってきています。そうした現状を考えると、データの観測数が増えればここまで議論した点は解決できるのでは？　と思われる方もいるかもしれません。

しかし残念ながらビッグデータは、ここまで述べた因果関係の問題を根本的には解決してくれないのです。ここまで議論してきた、因果関係を正しく分析するのは難しいという問題は、統計学用語では「バイアス」と呼ばれます。バイアス（bias）とは直訳すると「分析で得られた推定量の偏り」なのですが、これは直感的には何を指すでしょうか？

バイアスについて理解するため、先ほど例として挙げた、子供にノートパソコンを無償支給すること（X）が子供の成績（Y）に与える因果関係について考えてみましょう。

まず、適切な方法で因果関係を測定できた場合、XからYへの因果関係は本来はゼロであると仮定しましょう。つまりノートパソコン無償支給が成績に与える効果はゼロだということです。

次に、何らかの誤った方法で因果関係を分析してしまった場合を考えましょう。例えば、ノートパソコンが欲しいと手を挙げた生徒だけにパソコンを無償支給し、パソコンを受け取らなかった生徒との成績を比較した場合です。つまり、本当は他の要因である学習意欲（V）という要素がパソコンを受けとること（X）と成績（Y）に影響を与えていたのに、学習意欲（V）の要素を無視した分析を行った場合です。

その分析の結果、「ノートパソコン無償支給は子供の成績を20％向上させる」という結果が出てきたとします。つまり、本当は0％であるべきところが、分析方法が間違っていたために20％という数字が出てきてしまった、ということです。この0％と20％の違いを「データ分析が間違っていたために出てきてしまった間違い＝バイアス」と呼ぶのです。

さて、データの観測数（統計学ではNと表示することが多いです）が100人ではなく数万人規模に増えた場合、このバイアスの問題は解決されるでしょうか？　つまり、この例だと、100人の生徒のデータではなく、数万人規模の生徒のデータが手に入った場合、バイアスの問題は解決するのか、ということです。

通常、データの観測数が増えると良いことがたくさん起こります。しかし、残念ながらここで議論しているバイアスの問題については、データ観測数がどんなに増えても解決できない、ということが数学的に証明できてしまうのです（関心のある方のために巻末の数学付録に証明を記載しました）。そのため、**ビッグデータが全てを解決するという論調は、少なくとも因果関係を分析する際のバイアスに関しては正確ではない**のです。

このように言われてしまうと「世の中のデータから因果関係を導くという問題は本当に難

しそうで、そもそも解決策なんてないのでは？」と思われる方も多いかもしれません。この解決方法を探るのが、近年、世界中の経済学者が取り組んでいる仕事の一つです。

次章以降では、この解決策について様々な方法を紹介していきます。まず次章では、因果関係を導く最良の方法である「ランダム化比較試験（RCT）」について見ていきましょう。

第1章のまとめ

・データ分析の目的は「ある要素（X）が結果（Y）に影響を与えたのか？」という、X→Yの因果関係追求に行き着くことが多い
・「因果関係」は、XとYが相互に関係しているだけの「相関関係」とは全く異なる
・しかし、ビジネスや政策評価、新聞やテレビなどの報道において「因果関係」と「相関関係」が混同されている場面は非常に多い
・ビジネスの場でも政策形成の場でも因果関係を見誤ると誤った判断につながり、

大きな利益損失や税金の無駄遣いを招いてしまう

・さらに、この問題はビッグデータのようにデータの観測数が増えることだけでは解決しない

・次章以降ではこの問題の解決方法を紹介していく

第2章

現実の世界で「実際に実験をしてしまう」
——ランダム化比較試験（RCT）

前章では、因果関係をデータ分析から導くのはとても難しい、という解説をしました。では、どうすればその問題を解決できるのでしょうか？　本章では、そもそも因果関係とは何か、という説明から始め、データ分析によって因果関係を測定する最良の方法であるランダム化比較試験（RCT）について紹介します。

因果関係は「介入効果」で定義できる

因果関係について理論的な考察をまとめた一人に、ハーバード大学のドナルド・ルービン教授（Donald Rubin）がいます。ここではルービン教授が提唱した「**潜在的な結果を用いて因果関係を考える方法**（potential outcome approach）」に基づいて、因果関係についての直感的な説明をしていきましょう（Rubin, 1974）。

具体的に考えるため、前章で扱った「電力の価格を上げると節電につながるのか？」という問題を考えてみます。ここで私たちが知りたい因果関係は、価格を上げること（X）が消費量（Y）にどのような影響を及ぼすか、という関係です。

図表2-1 介入効果とは?

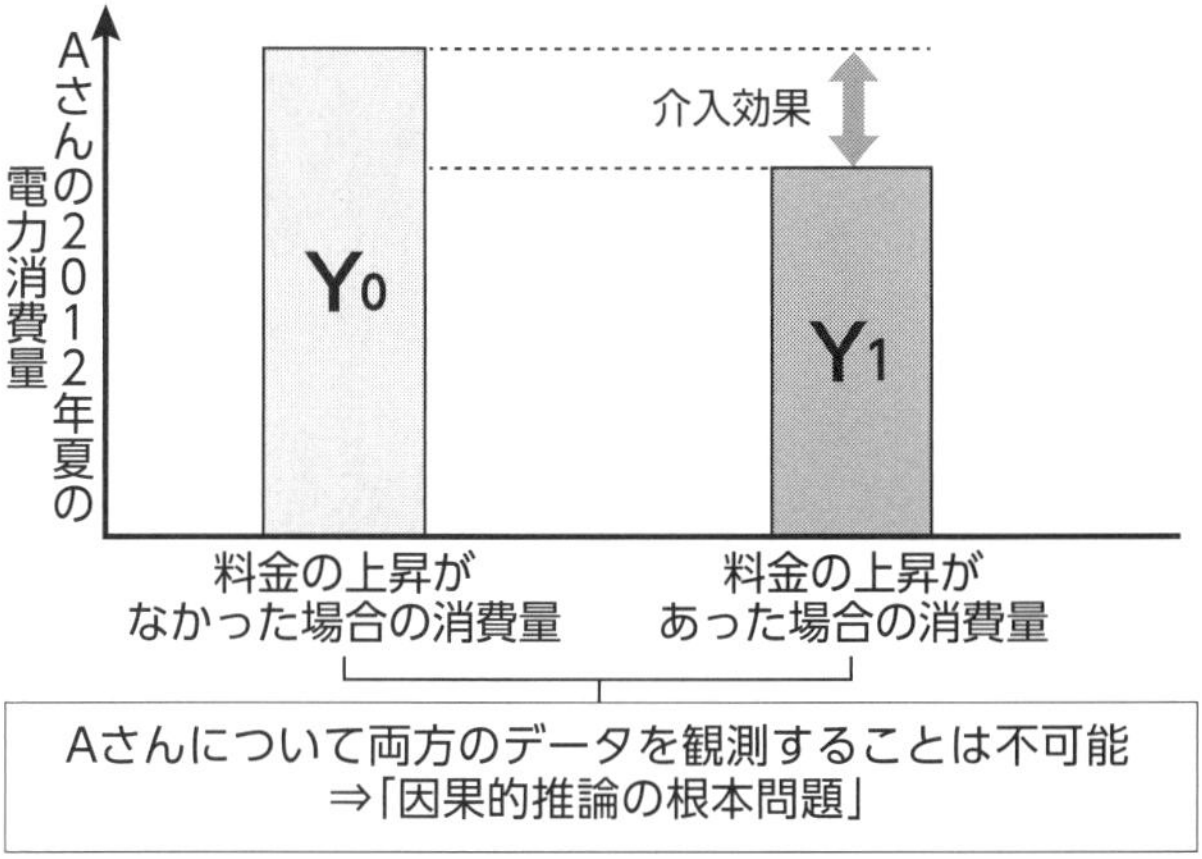

ここで、ある消費者Aさんの家庭における電力消費量を考えてみたいと思います。２０１２年の夏、Aさんの契約する電力会社は大幅な価格の値上げを行いました。価格の上昇を経験したAさんの電力消費量をY_1と書くことにします。また、もしも「価格の上昇が起こらなかった場合」にAさんが「消費したであろう」消費量をY_0と書くことにしましょう。

ルービン教授の定義に従えば、価格の上昇（X）がAさんの消費量（Y）にもたらした影響（つまりXからYへの因果関係）は、Y_1とY_0の差である「介入効果」によって定義できます（図表２－１）。

介入効果＝Y_1－Y_0

因果関係によってもたらされた効果を「**介入効果**（treatment effect）」と呼ぶのは、医学における呼び名に由来します。医療現場では薬を処方したり手術をしたりするなど、様々なトリートメント（treatment：治療）が行われます。そのため、「治療が健康へ及ぼす効果」という意味から、トリートメント効果という概念が作られたのです。これまで日本語ではトリートメント効果に対して「治療効果」「処置効果」という医学的な訳が与えられてきましたが、近年では医学以外の分野も含む様々な状況で「何かしらの介入（X）が結果（Y）へ及ぼす効果」として使われるため、本書では「介入効果」という訳を使うことにします。

例えば、電力の価格を変えるということも介入の一つであり、前章の例で言えば「広告を打つ」ということも介入の一つです。

因果関係を導くのが難しいのは「もしも」のデータが存在しないため

因果関係を介入効果によって定義すると、２つの点が明確になります。

１点目は、因果関係は「Aさんが介入を受けた場合の結果（Y_1）」と「介入を受けなかった場合の結果（Y_0）」の「差」で定義しなければならないということです。

２点目は、Aさんのデータのみから因果関係を計算することは不可能だということです。２０１２年の夏、Aさんは価格の上昇という介入を受けています。そのため、Y_1のデータは観測可能です。しかし「介入を受けなかった場合」の結果（Y_0）は、「もしも」のデータであり、世の中に存在しません。よって、ここでY_1とY_0の差を計算することは不可能なのです。

逆に、Aさんが実際に介入を受けなかった場合はどうでしょうか？　この場合、介入を受けなかった場合の結果（Y_0）は観測できます。しかし「介入を受けた場合」の結果（Y_1）は、「もしも」のデータとなり、観測できないのです。

ここで説明した「もしも」の結果のことを「**実際には起こらなかった潜在的結果**（counterfactual potential outcome）」と呼びます。潜在的には存在し得る結果ではあるが、実際には起こらなかったので、現実世界では観測できないデータという意味です。同じことを事実と反する結果のデータという意味で、「反事実の潜在的結果」もしくは「反実仮想的事実」と呼ぶこともあります。これらの日本語は若干わかりづらいので、本書では「実際には起こらなかった潜在的結果」と表記することにします。

1個人の同時期のデータを考えた場合（この例ではAさんの2012年夏の電力消費量Yを考えた場合）、Y_1かY_0のどちらかだけが観測可能で、もう片方は観測不可能です。そのため1個人のデータからY_1とY_0の差を計算して因果関係を測定するのは根本的に不可能なのです。これを「因果的推論の根本問題」と呼びます（Holland, 1986）。

余談ですが1993年にタモリが進行を務め、岩井俊二が監修した『ifもしも』というテレビドラマシリーズがありました。主人公は人生の分岐点でAとBのどちらかの選択を迫られ、AとBのそれぞれを選択した場合の2つのドラマが描かれるというものでした。どちらの選択肢を選んだ場合の潜在的結果もドラマとして描くことにより、「観測できないはずの潜在的結果も観測してしまう」という面白いコンセプトのドラマだったと思います。

しかし、テレビドラマではない現実世界では、AかBのうち選択されたほうの人生しか存在しません。それ故にAかBのどちらかの潜在的結果しかデータとしても観測できず、「因果的推論の根本問題」が生じてしまうわけです。

では、世の中で観測できるデータを用いて因果関係を分析することは、そもそも不可能なのでしょうか？　以下では、ルービン教授がまとめた解決策を見てみることにしましょう。

解決策は介入グループと比較グループという考え方

ルービン教授は、１個人についての介入効果を測定することは不可能だが、複数人の介入効果を平均した値である「**平均介入効果**（ATE: Average Treatment Effect）」を測定することは可能だと説明しています。ここで鍵となるのは、介入グループと比較グループという考え方です。まずはこの考え方についての解説を加えましょう。

介入グループ（treatment group）とは、文字どおり介入を受けるグループを指します。反対に、**比較グループ**（control group）とは、介入を受けないグループを指します。つまり、比較グループとは、介入グループの比較対照となるグループのことです。統計学の教科書では、対照グループや統制グループと訳されることもありますが、本書では日本語としての分かり易さを重視して「比較グループ」と訳すことにします。

具体的に考えるため、再び電力消費量の例に戻りましょう。

ここで、Ａさん１人だけではなく、例えば２００人の消費者が存在する状況を考えます。このうち１００人を介入グループに振り分け、別の１００人を比較グループに振り分けます。

つまり、2012年の夏の間、100人の消費者だけに価格の上昇を経験してもらい、残り100人の消費者には経験してもらわないのです。

ここで、介入グループの消費量の平均値をY_T、比較グループの消費量の平均値をY_Cと書くことにしましょう。価格の上昇を経験したのは介入グループのみですから、Y_TとY_Cの差を見ることで「平均介入効果」を測定することはできないでしょうか？

この方法で介入効果の平均値を測定するには、以下に述べる一つの大きな仮定が必要となります。

それは、

2つのグループの比較で平均介入効果を測定するための仮定

もしも価格の上昇という介入（X）がなかった場合、比較グループの平均消費量（Y_C）と介入グループの平均消費量（Y_T）は等しくなるというものです。

さて、この仮定が何を意味しているのか理解するために図表2‐2を見てみましょう（数式を用いた説明も数学付録に載せています）。

まず、図表2‐2の①を見てください。ここでは、「もしも価格上昇という介入が起こらなかった場合」の状況を考えています。現実には介入は行われているので、前節での説明と同様、この状況は「実際には起こらなかった潜在的結果（counterfactual potential outcome）」ということになります。

平均介入効果を測定するために必要な仮定は、上段におけるY_CとY_Tは等しいという仮定です。つまり、「介入が存在しない仮の状況を考えた場合、介入グループの平均消費量と比較グループの平均消費量は等しくなる」という仮定が必要なのです。

もしもこの仮定が成立する場合には、図表2‐2の②が成り立ちます。こちらは、価格の上昇という介入（X）が存在した場合の現実のデータです。介入グループは介入を受け、比較グループは受けていません。図にあるように、平均消費量の差を見ることで「平均介入効果」を測定することができます。なぜなら図表2‐2の①での仮定が成り立つ限り、下段で見られる平均消費量の差は「価格の上昇という介入以外の要因では説明できない」ためです。

図表2-2 平均介入効果を測定するための仮定

①もしも価格の上昇という介入がなかった場合
(実際には起こらなかった潜在的結果に関する仮定)

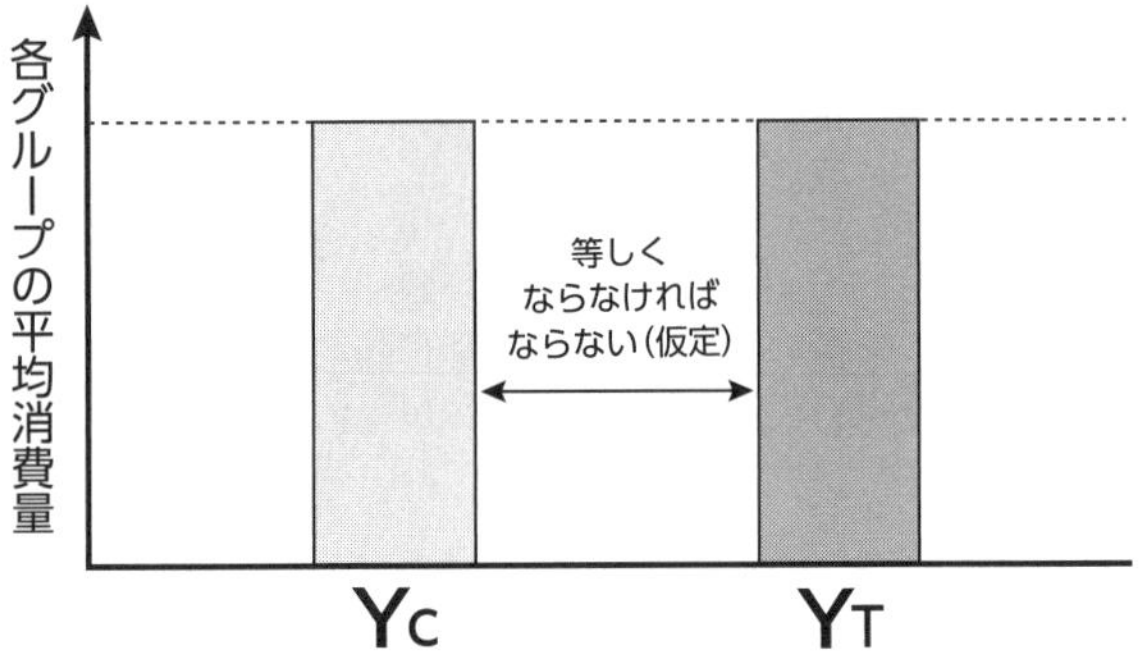

②介入があった場合 (観測できる現実のデータ)

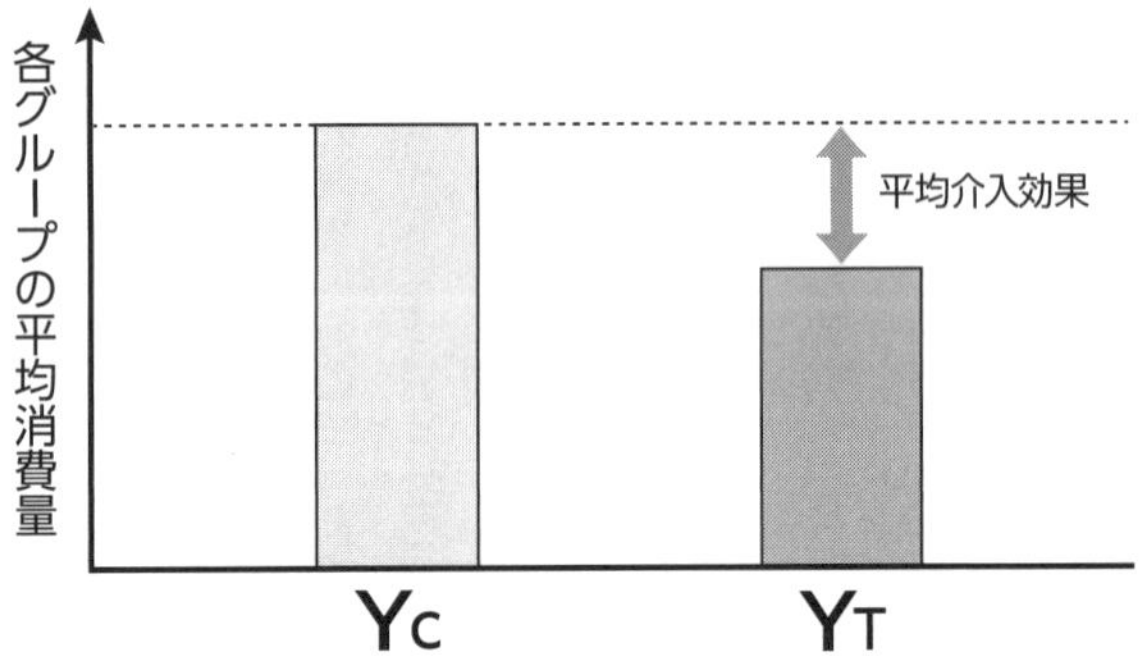

Y_C:比較グループの平均消費量　Y_T:介入グループの平均消費量

では、この仮定が成立するかどうか、立証することはできるでしょうか？

残念ながら、通常は立証が不可能です。なぜなら、介入グループは現実には価格変化を経験するので「価格変化がなかった場合」の介入グループの消費量データは存在しないからです。例外は、後述するランダム化比較試験（ＲＣＴ）という方法を用いて介入グループと比較グループのグループ分けを行った場合だけです。ＲＣＴの説明に入る前に、まずは、ＲＣＴを用いずにグループ分けを行った際にはなぜこの仮定が崩れる可能性が高いのかを見ていきましょう。

グループ分けの悪い例：希望に応じて介入を与える（自己選抜）

まずはグループ分けの悪い例から考えてみましょう。もしも「電力価格の上昇をぜひとも経験してみたい」と申し出てきた消費者だけを介入グループに振り分け、それ以外の消費者は比較グループに振り分けた場合はどうでしょうか？

このグループ分けの問題は、電力価格の上昇をぜひとも経験してみたいと申し出てくる消費者とそれ以外の消費者は、様々な点で根本的に違う可能性が高いことです。

例えば、前者の消費者は節電への意欲がもともと非常に高いかもしれません。また、2つのグループでは、所得、所有している家電製品、家の広さなど様々な要素が異なるかもしれません。こういった要素は、電力消費量に影響を与える可能性が高く、「もしも電力価格の上昇という介入がなかった場合、2つのグループの電力消費量の平均値は等しくなる」という仮定が崩れてしまいます。

そのような懸念がわかっていた上で、希望に応じたグループ分けをしたとしましょう。介入が行われた2012年夏のデータを見てみると、介入グループの消費量が比較グループに比べて低かったことがわかりました。この結果をもって「電力価格の上昇が消費量を減らした」という因果関係と断定できるでしょうか？

おそらくそれは難しいでしょう。なぜなら、たとえ2つのグループの間で消費量の違いが出ても、その違いが「本当に電力価格が要因だったのか」それとも「他の要因があったのか」を識別できないからです。

第1章での言葉を借りれば、所得、家電、家の広さ、節電への意欲など、他の要因（V）が消費量（Y）に影響を与えている可能性を払拭《ふっしょく》できないのです。

このように、個人が自らの意思で介入を受けるか受けないかを判断することを「**自己選抜**

（self-selection）」と呼びます。自己選抜によって形成されてしまった介入グループと比較グループは、様々な面で非常に違った特性を持つグループである可能性が高くなります。場合によっては、所得や家の広さといった要素はデータとして収集できるかもしれません。しかしより厄介なのは、自己選抜で形成されたグループに関しては、「節電へのやる気」などといった観測できない要素にも違いがある可能性が高いことです。つまり、見かけ上は２つのグループが似ている場合でも、観測できない要素において異なる質の人が各グループに入ってしまった可能性が高いのです。もしその要素が電力消費量へ影響する場合、先述した仮定が崩れるため、介入効果を識別することができません。

以上のように考えると、確かに自己選抜を含むグループ分けは問題がありそうです。ところが、**自己選抜を含むグループ分けはビジネスの世界でも政策分析の世界でも多用されています。**ビジネスの世界で言えば、割引クーポンを受け取った消費者と受け取らなかった消費者の消費行動を比較することでクーポンの効果を見る、政策分析の世界で言えば、補助金を受け取った世帯と受け取らなかった世帯を比較する、などといったやり方です。

介入グループと比較グループという集団を作ることができても、先述した仮定が守られない場合は因果関係を測定できない、ということを認識しておくことが大切です。

最良の解決法は「ランダム化比較試験（RCT）」

では、どのようにすれば図表2‐2の①にあるような「もしも電力価格の上昇という介入がなかった場合、2つのグループの電力消費量の平均値は等しくなる」という仮定を満たすことができるのでしょうか。

この問題への最良の解決方法は、**ランダム化比較試験**（Randomized Controlled Trial：RCT）と呼ばれる方法です。日本語ではランダム化比較試験、無作為化対照試験など様々な訳がありますが、本書では国際的に使用されているRCTという呼称を用いることにします。また、ビジネス分野では、AとBという2つのグループを比較するという意味で、RCTのことを**ABテスト**（A/B testing）と呼ぶこともあります。

図表2‐3にRCTの考え方を示しました。鍵となるのは、消費者をグループ分けする際に、**グループ分けを必ずランダムに**（**無作為に**）**行うこと**です。無作為とは言葉の通り、作為のない形でグループ分けをすることです。もっとわかりやすく言うと、例えば参加者にサイコロを振ってもらい、偶数が出た人は介入グループ、奇数が出た人は比較グループへ入っ

てもらうということです。ある個人がどちらのグループに入るのかという判断は個人の意思ではなく、サイコロによって無作為に決められる点が重要です。この方法では、グループ分けはサイコロ任せなので、ある消費者は偶然介入グループへ振り分けられ、別の消費者は偶然比較グループへ振り分けられることになります。

なぜランダムなグループ分けが鍵なのか

なぜランダムなグループ分けが重要なのかを理解するため、200人の消費者をランダムに2つのグループに分けた場合を考えてみます。2つのグループに入る消費者の数は半々である必要性はないのですが、仮に介入グループに100人、比較グループに100人を振り分けたとしましょう。

ランダムなグループ分けをすることで得られる最も重要な点は、ある程度多くのサンプル数が存在すれば2つのグループが統計的には同質の集団になるということです。

例えば、消費者のエアコン所有数を考えてみましょう。もしも悪い例である自己選抜によってグループ分けがなされた場合、どういったことが起こるでしょうか？　電力価格上昇を

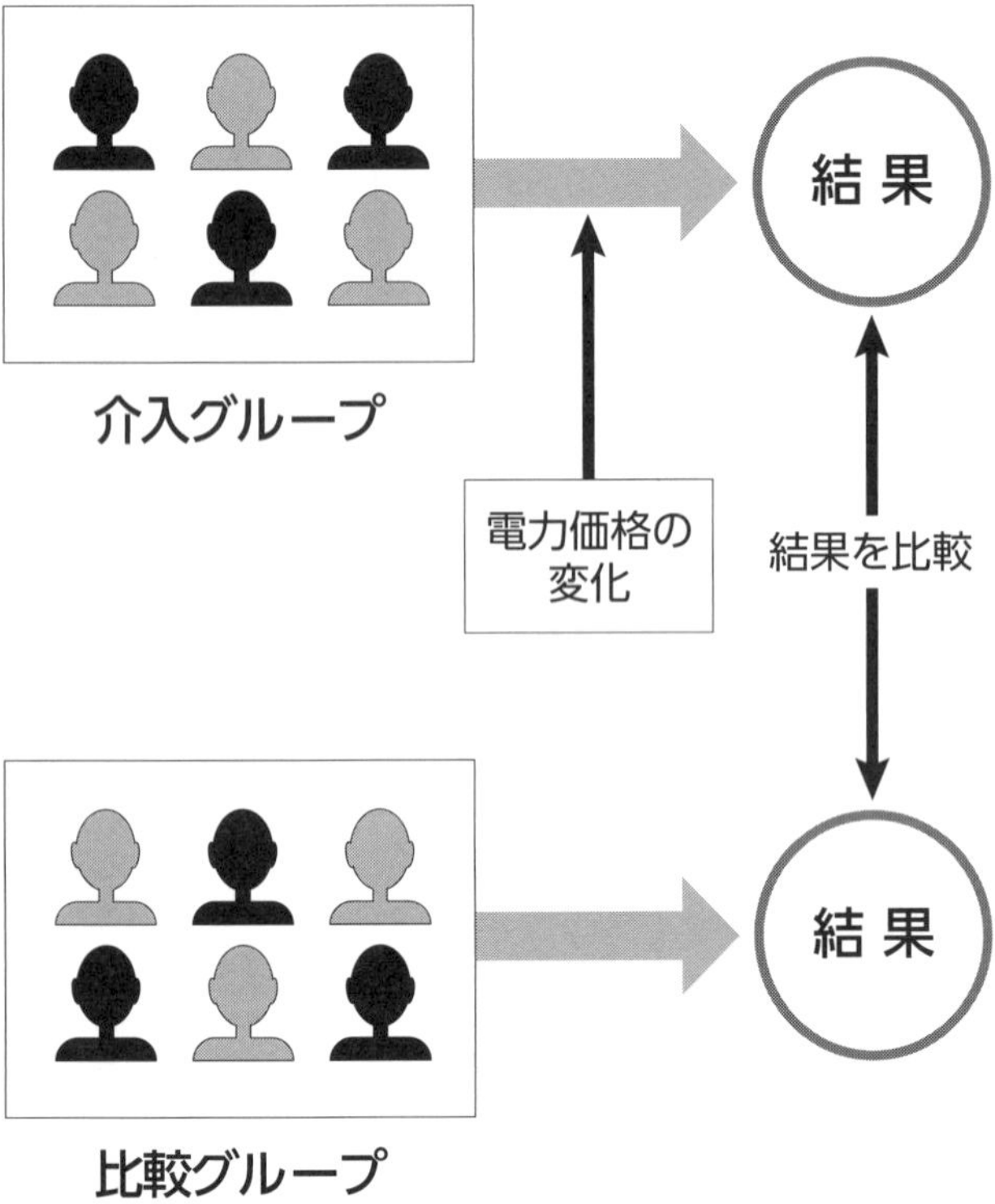

ランダム化比較試験(RCT)では、介入グループと比較グループのグループ分けをランダム(無作為)に行います。

図表2-3 ランダム化比較試験（RCT）

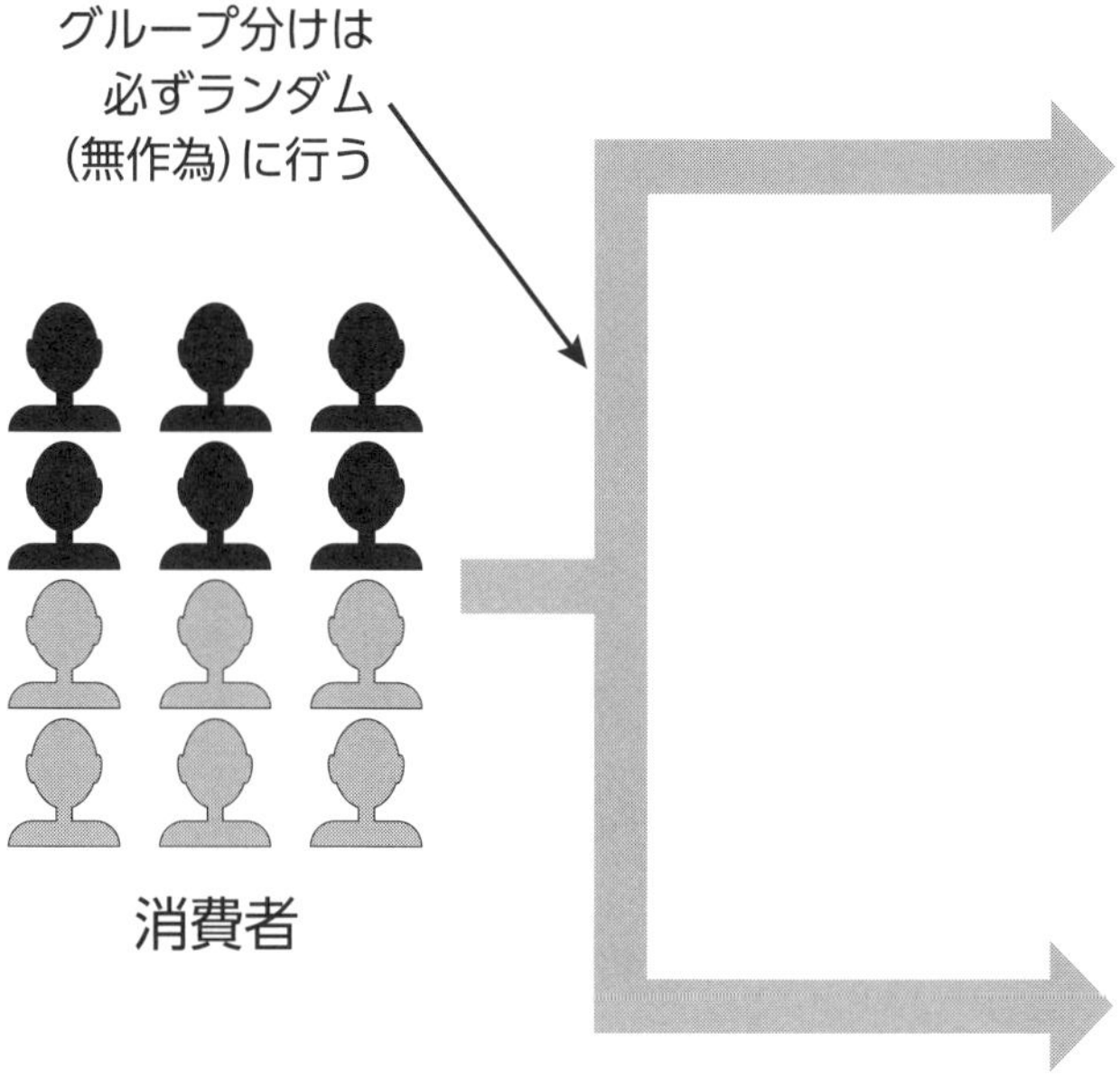

経験するかどうかを消費者の選択に任せると「エアコン所有数が多い消費者ほど（価格が上がる）介入を受けたくない」と考える可能性が高いので、エアコン所有数の平均値は介入グループのほうが小さくなりそうです。つまり、介入グループと比較グループの間で、「介入を受ける」以外にも「エアコン所有数」という違いが出てきてしまうのです。

ところが、グループ分けをランダムに行う限り、こういったことは起こりません。サイコロの目が奇数と出た消費者は介入グループへ振り分けられ、偶数と出た消費者は比較グループへ振り分けられるので、理論的には「エアコン所有数の平均値は2つのグループで同等になる」と数学的に証明できます（巻末の数学付録参照）。

よって、グループ分けがランダムに行われれば、介入グループだけにエアコン所有数が低い消費者が集まるという事態は起こり得ません。先ほど「理論的には」と条件をつけた理由は、データ上で実際にこの点が観測できるためには、ある程度多くのデータ数を両グループに割り当てる必要があるためです。

ランダムなグループ分けの最大の強みは、以上のことが「エアコンの所有数」といった特定の要素についてだけ成り立つのではなく、あらゆる要素について成立する点です。例えば、所得、家の広さ、家族構成などの要素も2つのグループで同等になります。さらに「節電への意欲」といった、観測不可能な要素についても、２つのグループでは同等になることが数学的に証明できます。そのため、ランダムにグループ分けが行われた場合、先に述べた「もしも介入がなかった場合、比較グループの平均的結果（Y_C）と介入グループの平均的結果（Y_T）は等しくなる」という仮定が成立するのです。

次節では、実際に著者が日本で行ったＲＣＴの実例を紹介していきます。その中で、「ランダムなグループ分けをすると、介入グループと比較グループが同等の集団になり、エアコンの所有数や所得などの要素が同等になる」ことについても実際のデータを使って示していきます。

ＲＣＴの具体例１：北九州市での電力価格フィールド実験

ＲＣＴを用いて因果関係を分析した具体例の１つ目として、著者が関わった北九州市での電力価格フィールド実験を紹介します。

ＲＣＴを分析手法として使った場合、フィールド実験（field experiment）とラボ実験（laboratory experiment）の２つに分けて説明することがあります。フィールド実験とは、企業活動や消費活動といった実際の現場（フィールド）で行う実験を指し、ラボ実験とは、実験室（ラボ）の中で行われる実験を指します。本書で紹介するＲＣＴは全てフィールド実験に属します。

以下で紹介する北九州市での電力価格フィールド実験は、経済産業省資源エネルギー庁主導で行われた「次世代エネルギー・社会システム実証事業」の一部です。著者及び京都大学の依田高典教授、政策研究大学院大学の田中誠教授が実験設計を行い、経済産業省資源エネルギー庁・一般社団法人新エネルギー導入促進協議会・北九州市・新日鐵住金・富士電機・ＩＢＭ等の各機関との共同事業で実現しました。

第６章で説明をするように、フィールド実験では研究者と各機関との協力が欠かせません。この実験は、関係各所の惜しみない協力を得られて成功した例と言えます。

ここでは、ＲＣＴの実例を紹介する目的で実験結果の簡単な解説のみを行いますが、詳しい結果に関心がある方は、依田・田中・伊藤（２０１７）をご覧ください。

さて、北九州市で行われた電力価格のフィールド実験とはどのようなＲＣＴだったのでしょうか？　実は、これまで本章で例として取り上げてきた、

「電力価格を変えると本当に節電につながるのか？」

という問いこそが、北九州市で行われたＲＣＴで分析された問題です。実験に参加したのは、北九州市内の一般世帯です。参加世帯はランダムに介入グループと比較グループに分けられました。そして、介入グループの世帯だけが電力の需給が特に逼迫《ひっぱく》する数時間の間、節電を促すための価格上昇を経験するという介入を受けました。

前節までで説明した通り、グループ分けがランダムに行われているため、もしもこの２つのグループの間で電力消費量に差が出れば、電力価格の上昇（Ｘ）が電力消費量（Ｙ）に影響を及ぼした因果関係を識別できるのです。

ランダムなグループ分けをすれば実際に様々な要素がグループ間で同等になる

分析結果に移る前に、ランダムなグループ分けをすると本当に２つのグループが同等な集団になるのかを確認してみましょう。

図表２‐４に示したのは、比較グループに割り当てられた世帯と介入グループに割り当てられた世帯について「実験前に」集められた様々なデータです。表では、それぞれの変数について各グループの平均値を計算し、平均値の差も示しています。このような表のことを統

図表2-4 北九州市で行われたRCTの記述統計

	比較グループ 平均値	介入グループ 平均値	平均値の差の検定	
			平均値の差	標準誤差
実験開始前の電力消費量(kWh/日)	14.13	13.86	0.27	0.54
部屋数	3.62	3.61	0.01	0.08
専有面積(m^2)	90.66	91.33	-0.67	2.02
エアコン数	2.25	2.46	-0.21	0.16
冷蔵庫数	1.03	1.05	-0.02	0.04
テレビ数	1.72	1.56	0.16	0.12
洗濯機数	1.00	1.01	-0.01	0.02
乾燥機数	0.31	0.36	-0.05	0.07
食洗機数	0.28	0.30	-0.02	0.07
ヒートポンプ数	0.18	0.21	-0.03	0.06
世帯数	2.87	3.02	-0.15	0.16
世帯主平均年齢	32.98	31.55	1.43	2.07
所得階層(300万円未満)	0.06	0.07	-0.01	0.04
所得階層(300万円以上500万円未満)	0.26	0.25	0.02	0.07
所得階層(500万円以上1000万円未満)	0.34	0.25	0.08	0.07
所得階層(1000万円以上1500万円未満)	0.23	0.26	-0.03	0.07
所得階層(1500万円以上)	0.08	0.14	-0.06	0.05

この表は、依田・田中・伊藤(2017)をもとに著者が作成した表です。この表では、各変数の平均値を比較グループに割り当てられた世帯と介入グループに割り当てられた世帯について示しています。また、最後の2列は平均値の差と、その標準誤差を示してます。

計用語では記述統計と呼びます。

ご覧になるとわかるように、あらゆる要素でこの2つのグループに平均的な差異がないことがわかると思います。

例えば、実験前の1日あたり電力消費量平均は、どちらのグループでも約14kWhです。部屋数の平均値もほぼ同じ。さらに、エアコンや冷蔵庫、テレビなどの家電所有数もほぼ同等です。さらに、電気に直接関わりのない所得や教育水準なども2つのグループで同等になっています。

前節で述べたように、あらゆる要素の平均値が2つのグループで同等になるのは、ランダムに消費者を介入グループと比較グループに分けたためです。RCTを行う際は、この表で示したような「記述統計のバランス・チェック（記述統計の平均値が介入グループと比較グループで似たような値になっているかのチェック）」を行います。なぜなら、平均値に大きな差異が観測された場合、グループ分けが適切にランダム化されなかった可能性があるためです。

逆に、多くの変数について平均値がグループ間で同等になっている場合、きちんとランダム化が行われたことの証拠の一つになります。

厳密に言えば、データとして入手できない事項（例えば節電への意欲など）については平均値を見比べるという作業ができません。しかし、ランダムなグループ分けがされている限り、理論的にはどんな要素も２つのグループで平均的な差異は出ないことになりますので、「ランダム化をしているので、節電への意欲といった見えない要素も２つのグループで平均的には等しいだろう」という仮定が守られることを証明できます（巻末付録を参照）。

表の最後の列にある「標準誤差」という項目は、平均値の差を統計的に検証する際に使われる値です。統計的検証では、平均値の差を検証する場合、値の大きさを見るだけではなく「平均値の差は統計的にゼロなのか」というテスト（検定）をする必要があります。その検定に役立つのが標準誤差です。詳細は上級レベルの話になるので割愛しますが、この検定を行った結果、各変数について統計的には2つのグループの平均値に違いはないという結果になりました。

つまり、グループ分けがランダム化を使って行われたことが功を奏して、介入グループと比較グループはあらゆる面で同等の集団になったということです。この準備が整ったら、介入グループだけに料金の上昇を経験してもらい、比較グループとの比較を行うことになります。

実験結果：電力価格を上げると本当に節電につながるのか？

この実験では、介入グループ、比較グループにかかわらず、全ての消費者に対しスマート・メーター（各家庭の30分ごとの電力消費量を記録できる装置）が導入され、さらに図表2-5に示した室内画面も設置されました。実験に参加した一般世帯は、この画面を使って現在の消費量や価格を見ることができたのです。

ここで大事なのは、室内画面は介入グループと比較グループの両方に導入されたという点です。もしも介入グループだけに設置された場合、「室内画面が設置されたか否か」という

図表2-5 各世帯に配られた室内画面

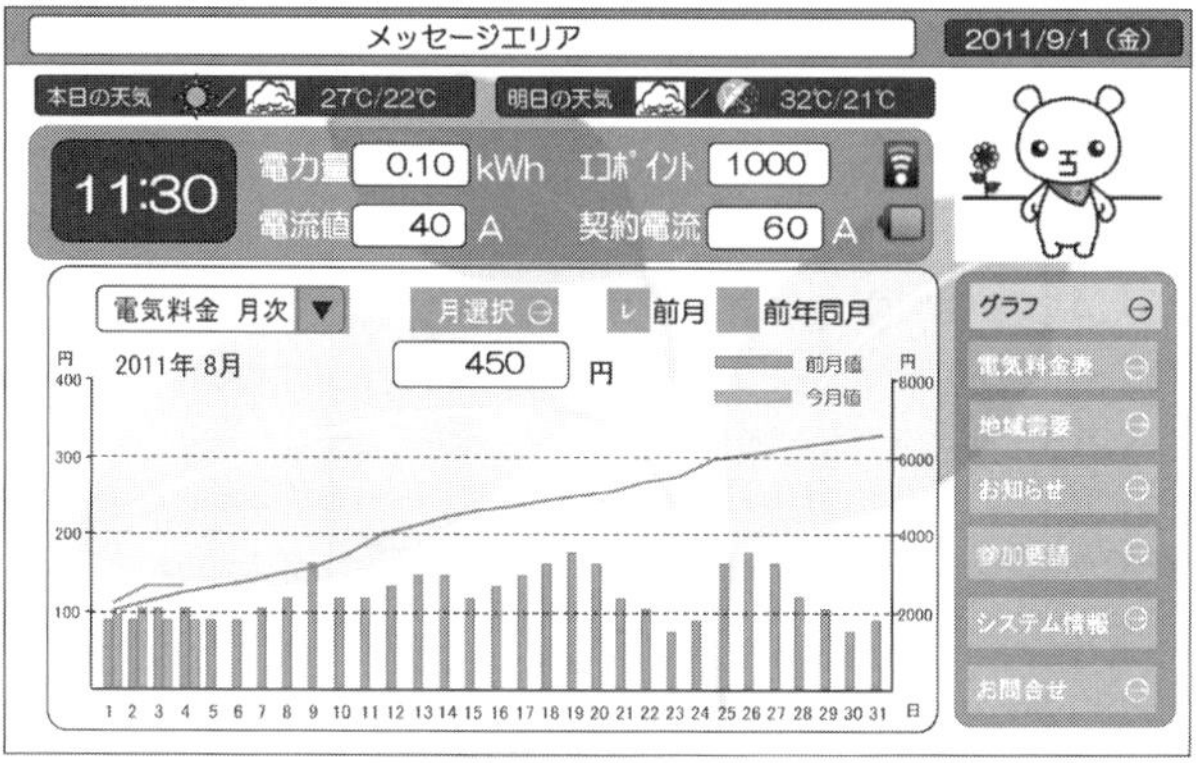

出典：次世代エネルギー・社会システム実証事業における富士電機室内画面説明資料

差異が2つのグループの間で出てしまい、電力価格を上げるという介入効果の検証ができなくなってしまいます。

　ここでは、2012年夏の実験結果をもとに説明をしていきます。介入グループに属した世帯は、電力の需給が逼迫すると予測される平日、以下のようなメッセージを受け取りました。

「今日の13時から17時までの電力価格は50円に上昇します」

　通常の価格は23円ですが、需給が逼迫すると予測される平日の価格は50円、100円、150円のいずれかの値を取りました。

　図表2-6に実験結果を示しました。

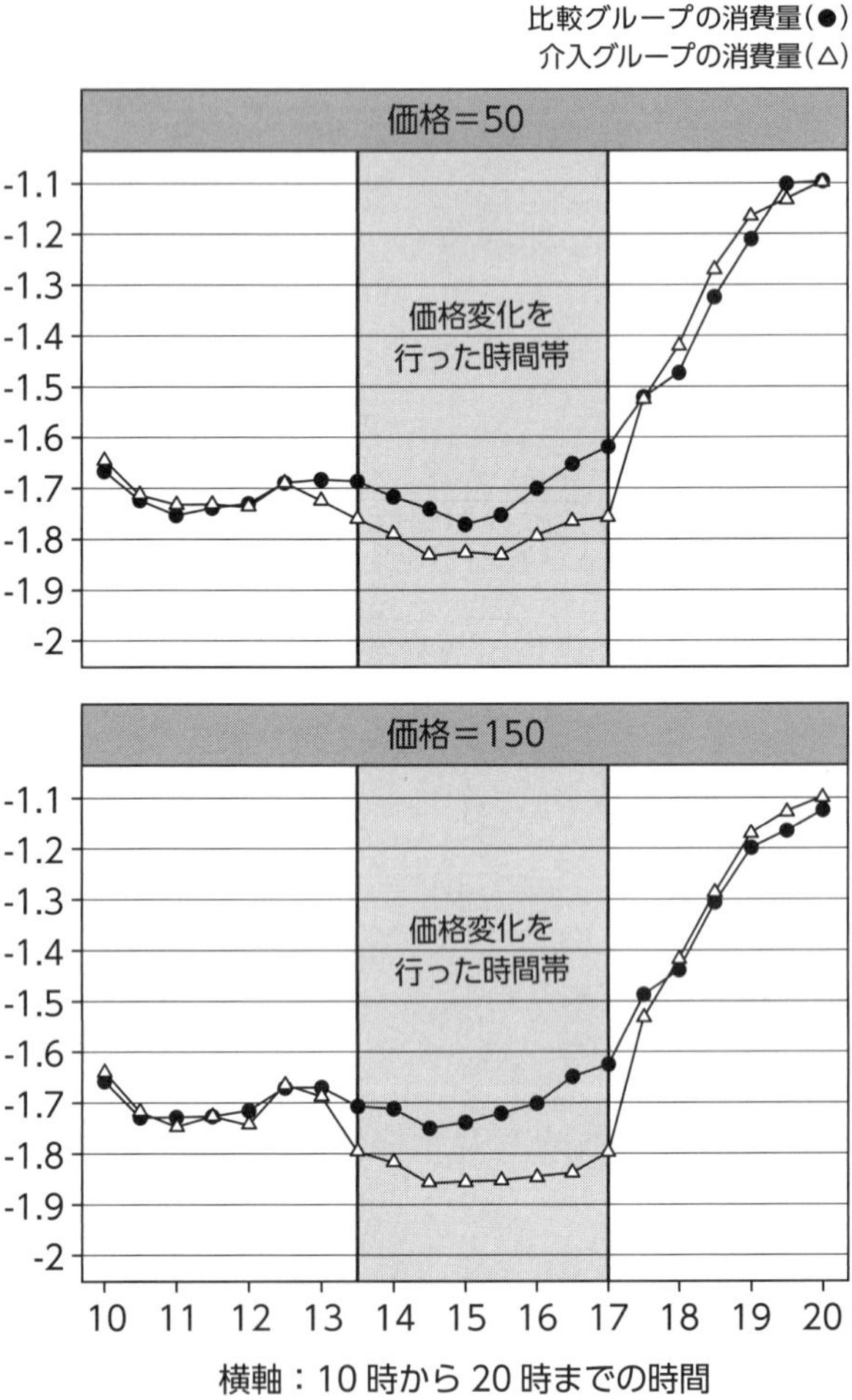

出典：依田・田中・伊藤（2017）をもとに著者が作成。

図表2-6 北九州市で行われたRCTの実験結果

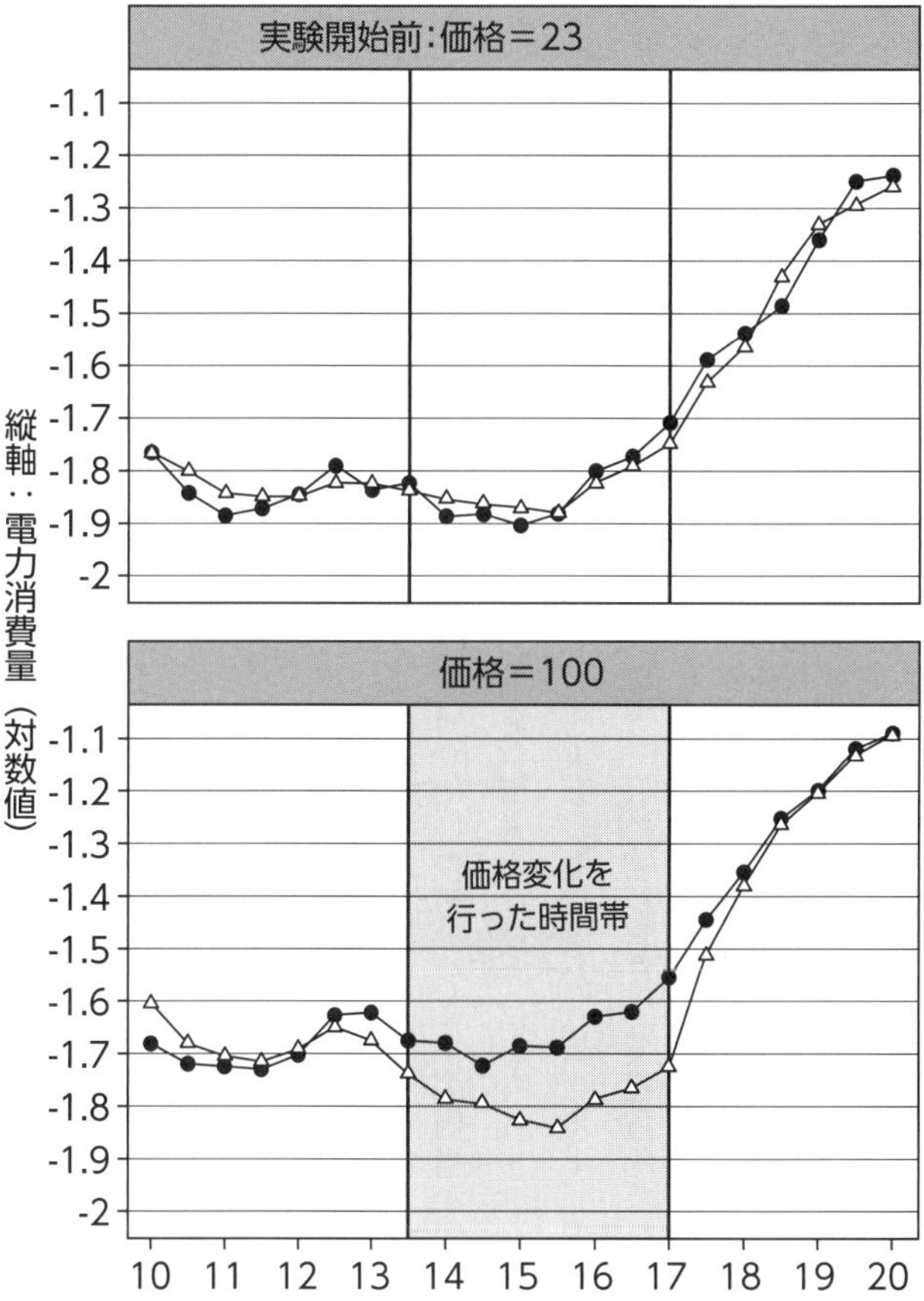

このグラフは比較グループと介入グループの30分ごとの平均電力消費量(対数値)を実験開始前、と介入が行われた日について示したものです。

左上のグラフは、実験開始前の6月のデータを用いて、介入グループと比較グループの30分ごとの平均電力消費量を示しています。実験開始前の時期は、どちらのグループも同じ電力価格を支払っていました。グラフからわかるように、実験開始前は2つのグループの平均電力消費量の動きは非常に似通っていて違いが見られません。グループ分けが適切にランダムに行われたため、2つのグループの実験前の電力消費に差異がないのです。

では、実験が始まり、介入グループのピーク時間帯（13時から17時まで）における電力価格が50円、100円、150円へと上昇した場合の消費行動はどのようになったでしょう。

まず、右上に示したのは、電力価格が50円になった日のデータです。価格が変化する13時よりも前の時間では、2つのグループの電力消費量に大きな違いは見られません。しかし、価格の上昇があった13時から17時の間、介入グループの消費量が比較グループの平均消費量と比較して大きく下がっていることがわかります。この差がRCTで得られた「平均介入効果」なのです。

また、同様のことが価格を100円、150円に上げた日のデータについても言えます。ピーク時間帯において、比較グループの平均消費量に比べて、介入グループの平均消費量が減少していることがわかります。

少し専門的になるので、以下の2段落は興味のある方向けですが、縦軸に電力消費量の対数値を使っているのは理由があります。

対数値と対数値の比較をすると、その差がある程度小さい場合には、「対数値の差」が「パーセント変化」に近似します。例えば50円の場合、介入グループは比較グループに比べて、平均的に消費量を約9％減らしたことが統計解析からわかりました。ここで、価格が50円のグラフ上での2つのグループのピーク時間帯における消費量の対数差を見てください。対数差が約0・09で推移していることがわかると思います。つまり、9％の消費量削減という値に近似しているのです。

また、価格が150円の場合、介入グループは比較グループに比べて約15％の消費量削減をしました。このことは、右下のグラフ上で2つのグループの対数差が約0・15であることと整合的です（ただし、パーセント変化が20％や30％を超えるほど大きくなると、対数差での近似はパーセント変化値から乖離《かいり》してくるので、この点には注意が必要です）。

RCTの利点の一つは分析や結果の透明性

図表2‐6からわかるように、RCTを用いたデータ分析の大きな利点は、比較的シンプルな統計分析手法を用いるだけでも主要な結果の検証や説明ができることです。

データ分析を行う際に重要なのは、**分析や結果の透明性であり、分析者以外にも説得力のある説明ができること**です。統計的手法の中には、分析方法が複雑になるあまり、分析者以外への透明性が低くなる手法もあります。一方、図表2‐6で示しているのは「介入グループと比較グループの平均電力消費量の比較」という非常にシンプルな統計分析ですが、この2つの平均消費量の差が「平均介入効果」をビジュアルに示しているのです。分析結果の透明性という点は、企業においても公的機関においても、同僚や取引先に説明する際に大きな利点となります。

さらに詳しい実験結果の説明は依田・田中・伊藤（2017）に譲りますが、北九州市でのRCTでわかったことを要約すると、①電力価格の上昇は節電を促すという因果関係が示された、②通常23円の料金を50円、100円、150円へと上げていくほど、価格の上昇に応じて節電が進む、という経済学の消費者理論と整合的な結果が出た、③価格が上がれば上がるほど、追加的に得られる消費削減量は逓減《ていげん》していく、といった3点でした。

ここで示したRCTの最初の具体例は、介入グループが「価格変動グループ」という1種類しか存在しない実験でした。介入グループは必ず1つである必要があるのでしょうか？実はそのような制約はなく、複数の介入グループを作り、グループ間の比較をすることも可能です。

次は、アメリカのオバマ前大統領が選挙の際に行ったマーケティング戦略を例として、介入グループが複数ある場合でもRCTが活用できることを見ていきましょう。

RCTの具体例2：オバマ前大統領の選挙活動におけるマーケティング戦略

アメリカ大統領選では、どれだけ多くの支持者から支援金を集められるか、という点が選挙での勝敗を大きく左右します。そのため、各候補者の選挙陣営は様々な戦略を練って支援金集めを試みます。2008年の大統領選において、オバマ陣営はIT系企業大手のグーグルからダン・シローカー氏（Dan Siroker）を引き抜き支援金集めの戦略を任せました。シローカー氏はグーグル勤務時代に、RCTを用いたデータ分析を使うことによって最適な広告戦略を打ち出す、という経験を積んでいました。オバマ前大統領はシローカー氏のデータ分析能力やグーグルが毎日のように行っているRCTのノウハウが選挙戦に役立つと考えたわけです。

シローカー氏は、オバマ候補のウェブサイトのデザインを工夫することで、ウェブサイトを訪れた人の多くにメーリングリストへ加入してもらいたいと考えました。多くの人が自分のメールアドレスを登録してくれれば、そのアドレスへ送信する各種のメールによって効率的に支援金を集められるためです。

オバマ陣営は、まずウェブサイトのトップページに表示する画面を6通り考えました。図表2‐7に、そのうちの4つの画面案を示しました。

画面Aはオバマ候補が支援者に囲まれている写真、画面Bはオバマ候補の家族写真、画面Cは真剣な眼差《まなざ》しの顔写真、また、画面Dはオバマ候補が行った有名な演説のビデオが流れる仕組みになっています。

図表2‐7に表示した以外に、さらに2つのビデオが用意されたため、画面案は合計で6通り用意されたことになります。

さらに、オバマ陣営はトップページに表示するボタン（クリックするとメールアドレスを書き込むページに移る）にも仕掛けが必要だと考えました。

図表2－8に示したのは、選挙チームが考えた4通りのメッセージです。日本語にすると、Sign Up（登録しよう）、Sign Up Now（今すぐ登録しよう）、Learn More（もっと知ってみよう）、Join Us Now（今すぐ参加しよう）となります。

つまり、6通りの画面案と4通りのメッセージ案があったので、合計で24通りの組み合わせが作られることになります。

さて、メーリングリストへの加入率を上げるという目的を考えた場合、どの画面とメッセージの組み合わせが一番良いと思われますか？　読者の皆さんも、ぜひ予想してみてください。

オバマ選挙チームのメンバーもそれぞれ予想し、どの案が一番良いか、という議論が重ねられました。チーム内の議論と多数決の結果、一番効果的なのは画面Aと「Sign Up」の組み合わせではないか、という結論に達しました。通常の企業の意思決定では、「では皆さんの議論の結果、画面Aと『Sign Up』の組み合わせが良さそうだという結論が出たので、その案でいくことにしましょう」

と決まってしまいそうです。

B

D

出典：シローカー氏が運営する Optimizely のウェブサイト
(https://blog.optimizely.com/)

図表2-7　オバマ前大統領の選挙陣営が考えたウェブサイト画面の案

A

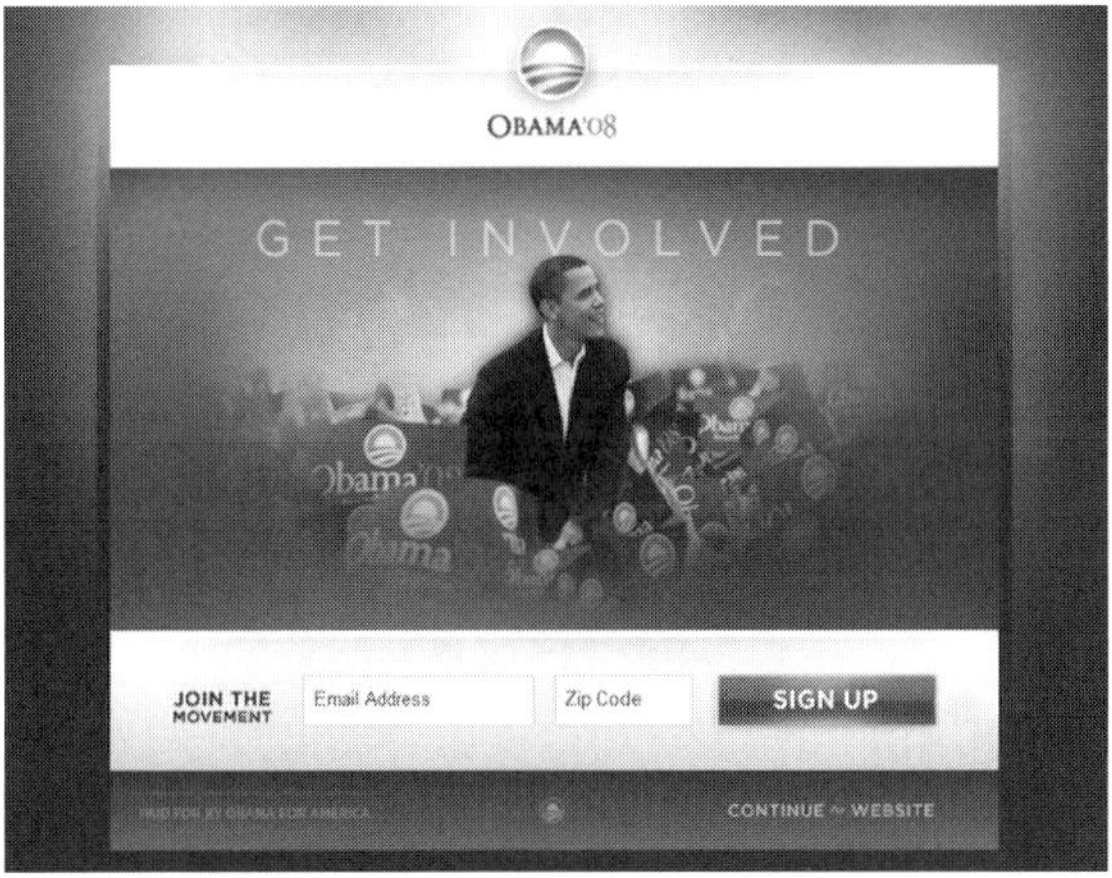

C

図表2-8 選挙チームが考えた4通りのメッセージ

出典：シローカー氏が運営するOptimizelyのウェブサイト
（https://blog.optimizely.com/）

ところが、グーグルのビジネスに実験を積極的に取り入れてきたシローカー氏は、

「いや、ＡＢテストをしてみよう」

と提案しました。

シローカー氏が行ったＲＣＴ（先述したようにＡＢテストとＲＣＴは同義です）とはどのようなものだったのでしょうか？　その概要を図表２-９に示しました。

２００７年のある期間中、約31万人がオバマ候補のウェブサイトを訪れました。選挙チームは、この31万人の一人一人に対し、24通りのデザイン案の中からランダム（無作為）に１つのデザインだけを選び、表示しました。

もちろん、鍵となるのは、「ランダム

図表2-9　オバマ候補の選挙陣営が行ったRCT

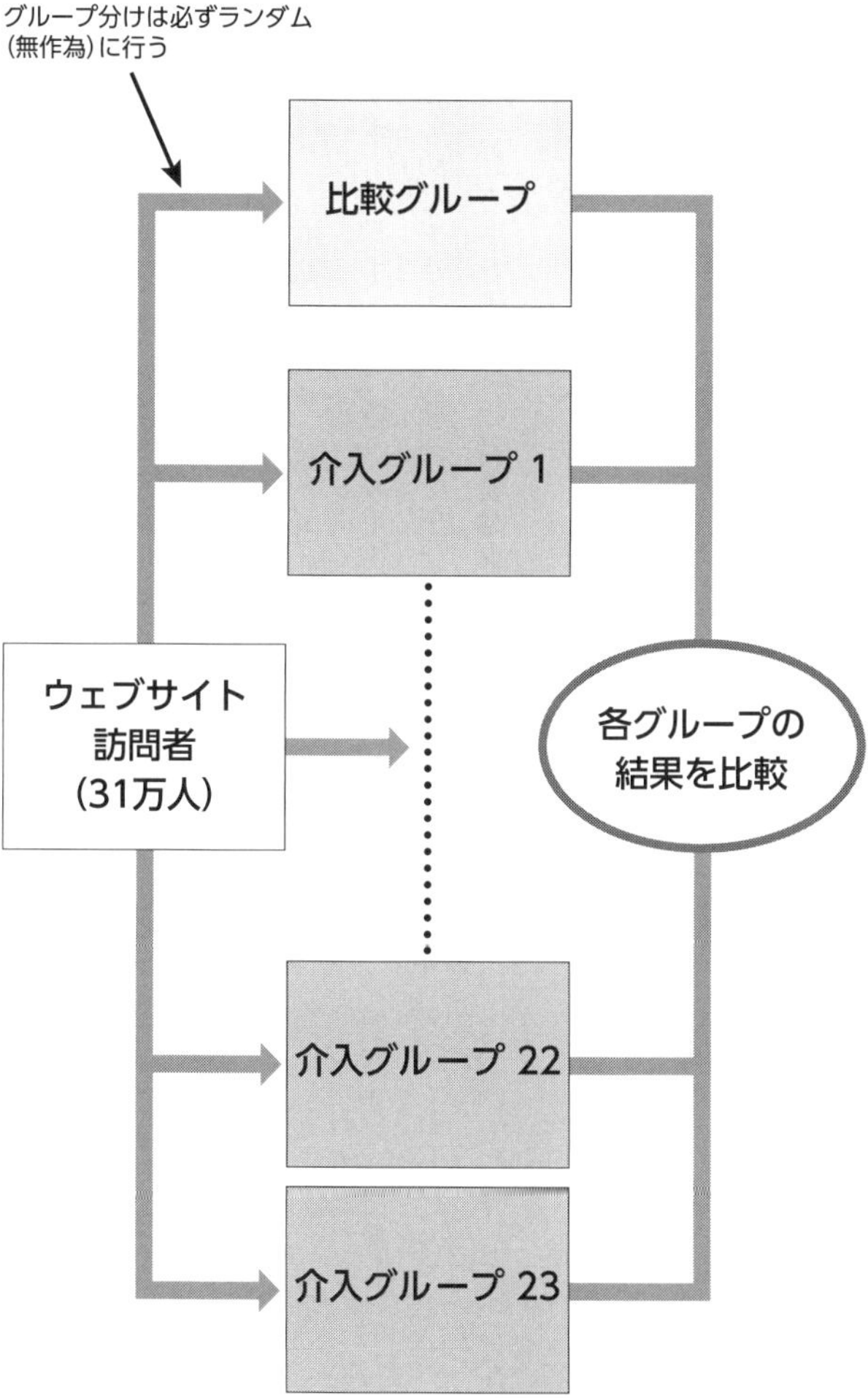

（無作為）」という部分です。ランダムという言葉がやはりしっくりこないという方は、「くじ引き」と同様のコンセプトと考えていただければわかりやすいと思います。ウェブサイトを訪れた人は、自らが好む特定のデザインを選ぶのではなく、24通りのデザインから「くじ引き」によって選ばれた１つのデザインが表示されました。31万人が24通りのグループに均等に振り分けられたので、それぞれのグループには１万３０００人ほどが振り分けられたことになります。

実験終了後、選挙チームは各グループにおける「メールアドレス登録率」を計算し、登録率が最も高かったデザインを最適なデザインと特定し、以後の選挙運動で用いたのです。

以下では、ここまで紹介した実験例を使いながら、ＲＣＴの鉄則について紹介していきたいと思います。

ＲＣＴの鉄則１：適切なグループ分けをする

ＲＣＴを行うにあたって大切なことは３つあります。１点目は、「実験実施者が答えたい問いに答えられるよう、適切なグループ分けをすること」です。

まずは、比較グループを定義します。比較グループとは、比較の出発点となるグループを指します。

前述した北九州市の実験では、「電力価格の上昇を経験しないグループ」が比較グループでした。つまり、介入効果は、電力価格上昇を受けたグループと受けなかったグループの電力消費量の差として定義されたわけです。

オバマ選挙チームの例では、「選挙チームが最適と考えた画面と比較して他の画面はどれだけ効果的なのか？」ということを調べたかったため「画面AとSign Up の組み合わせ」を比較グループと位置づけました。

次に、介入グループを作ります。オバマ選挙チームの例では、「画面AとSign Up の組み合わせ」以外に23通りの組み合わせがあったため、比較グループに加えて23通りの介入グループが作られた、ということです。

RCTの鉄則2：グループ分けは必ずランダム（無作為）に行う

繰り返しになりますが、RCTを行うにあたって非常に大切な点は「グループ分けは必ずランダム（無作為）に行う」ということです。

なぜランダムなグループ分けが重要なのかをもう一度理解するために、オバマ前大統領の実験で「もしもグループ分けをランダムに行わなかった場合」について考えてみましょう。ランダムではないグループ分けは先に説明した「自己選抜によるグループ分け」だけではありません。ここでは、もう一つの「悪い例」を考えてみます。

例えば、グループ分けを居住している都市で行った場合はどうでしょうか？　シカゴに住んでいる人には画面Aを表示し、ニューヨークに住んでいる人には画面Bを表示したとします。仮にAのほうがBよりもメーリングリスト登録率が良かった、という結果が出た場合、「デザインAがデザインBよりも効果があったのだ」と結論づけられるでしょうか？

ここで、第1章での議論を思い出してください。因果関係を示すことが難しい理由は、「この2つのグループは、デザインAとデザインBを見たという違い以外にも、グループ間で別の相違点（V）があったかもしれない」可能性を排除できない点でした。

例えば、

「オバマ候補はシカゴが地盤なので、シカゴには多くの支持者がいる。そのため、グループAの登録率が高かったのは、デザインA自体の効果ではなく、単にシカゴ在住の人がグループAに入ったことが本当の要因かもしれない」という可能性が考えられます。

ですから、グループ分けをランダムに行わなかった場合、第1章と全く同じ問題が出てきてしまい「本当の要因は何だったのか？」という問いに答えられないのです。

では、ランダムにグループ分けをした場合、どうでしょうか？　繰り返しになりますが、ランダム（無作為）とは「くじを引いてもらう」ことと同じです。くじ引きの結果、全ての人が24分の1の確率で、どこかのグループへ入っていくことになります。その結果何が起こるでしょうか？

例えば、シカゴに住んでいる人の割合を再度考えてみましょう。グループ分けがランダムに行われた場合、シカゴに住む人は、24分の1の確率でどこかのグループへ入っていくことになります。その結果、24の各グループにほぼ同数のシカゴ在住者が入ります。よって、「シカゴ在住者はオバマ候補を支持しやすい」という効果が仮にあったとしても、その影響はグループAとグループBに対して等しくなるのです。

では仮に、「所得の高い人はオバマ候補を支持しにくい」という影響があった場合はどうでしょうか？　これも同様の議論で、ランダムにグループ分けを行えば全く問題になりません。所得の高い人も、低い人も、24分の1の確率で、どこかのグループへ入っていくことになります。よって、仮に「所得の高い人はオバマ候補を支持しにくい」という効果があったとしても、その影響はグループAとグループBに対して等しくなるのです。

RCTの強みは、以上の議論が「シカゴ在住」「所得が高い」という例だけではなく、どんな要素についても言えることです。所得、教育水準、居住地域、家族構成など、どのような要素も、各グループで全て平均的に同等になります。

そのため、グループ間で実験結果に差異が見られた場合（オバマ選挙チームの例では、メールアドレスの登録率に差異が出た場合）、その要因は実験実施者が行った介入によるものだ、と断定できるのです。

RCTの鉄則3：各グループに十分なサンプル数を充てる

RCTの実験設計において大切なことの3点目は「各グループに十分なサンプル数を充て《あ》る」ということです。RCTで得られた検証の比較で最も頻繁に使われる統計分析は、介入効果の平均値の分析であることは先に述べました。

この測定に必要になる計算は、

①実験後、グループごとの平均値を計算する
②平均値の差を比べる

という2つです。そのため、基本的には、平均値計算と引き算だけで「介入効果の平均値」が計算できてしまうのです。

ただし、統計学を勉強すると教わるのは「サンプル数が限られたデータで平均値を計算すると、誤差が出てくる」ということです。これを直感的に考えてみましょう。

オバマチームの実験の例で、仮に、Aグループに振り分けられた人数が10人だけだったとします。この10人のうち、ある1人が何らかの偶発的な理由で「登録する」という行為をしたとします。すると、私たちが10人のサンプルから計算する平均登録率は、この偶発的な理由によって10％も上がってしまいます。

一方、実際のオバマ候補の実験では、Aグループに振り分けられた人数は約1万人でした。その場合、何らかの偶発的な理由で、ある1人が「登録する」という行為をした場合、平均

値計算にどのような影響が出るでしょうか?

ここでは、1万人のサンプルがあるため、私たちが計算する平均登録率は(この偶発的な理由によって)0・01%しか上がらないのです。つまり、サンプル数が大きいほど、偶発的な理由(誤差)によって平均値が大きく変化してしまう可能性は小さくなるのです。

逆に言えば、サンプル数が少ないと、偶発的な理由によって平均値が大きく変化してしまいます。そのため、AグループとBグループの平均登録率に差があったとしても、その差が偶発的な理由によるものなのか、それとも統計的に信頼してよい差なのか、という判断ができなくなります。このことを、統計用語では、「統計的に有意な差であると言えない状況」と言います。

このことを認識せずにデータを見てしまうと、以下の2例を同様の結果と考えてしまいがちです。

「AグループとBグループの平均登録率の差は5%だった。ちなみに、各グループには10人のサンプルが振り分けられた」

「AグループとBグループの平均登録率の差は5%だった。ちなみに、各グループには1万人のサンプルが振り分けられた」

見せかけの数字である「5％」は全く同じなのですが、よく考えてみると、直感的にも「後者の5％」のほうが信頼のおける数字だ、ということがわかります。本書では詳しい説明は割愛しますが、統計学の用語で言えば、「サンプル数が大きいほど、平均値計算の際の標準誤差が小さくなり、計算された平均値の信頼性が大きくなる」ということです。

この点は実際に実験設計を行う際にとても大切なことなのです。しかし、多くの場合、RCTを設計する実験設計者がなおざりにしてしまいがちです。その理由の1つは、実施者はできるだけ色々な介入を試してみたい、という欲求にかられるためです。ところが、全体のサンプルが限られている場合、介入グループ数を増やすほどグループごとのサンプル数が少なくなり、前記の問題が発生するのです。

「最適なサンプルはどのくらいなのか」という計算は、比較的簡単な統計的手法を用いて行うことができます。ただし、その解説は数式を必要とするため、本書では「各グループに十分なサンプル数を充てることが重要なのだ」という理解をしていただき、最終章でさらにこの点を学びたい方への参考文献を紹介したいと思います。

オバマ陣営の実験結果は？

ＲＣＴのプロであるシローカー氏が行ったオバマ陣営の実験では、前述した３つの鉄則が適切に守られていたことがおわかりいただけると思います。

①比較グループを含む24の適切なグループが作られ、②グループ分けはランダムに行われ、また、③各グループには十分なサンプル数が充てられていました。

では、その実験結果はどうだったのでしょうか？

図表２‐10に実験結果を示しました。当初、オバマ選挙陣営は、トップページ画面Ａと「Sign UP」の組み合わせが最も効果的ではないかと予想していました。また、一部のメンバーたちは、写真よりもビデオの効果がありそうなので、画面Ｄが大きな効果を生むのではないかと予測しました。

ところが、蓋《ふた》を開けてみると、実験結果は予想とは全く違っていました。平均登録率が一番高かったのは、オバマ候補の家族が映った画面Ｂと「Learn More」というボタンの組み合わせだったのです。この画面を閲覧したグループでは、閲覧者のうち11・６％がメーリングリストに登録をしました。予想に反して、ビデオ映像を入れた画面はトップ３に入らず、

図表2-10 オバマ候補の選挙陣営の実験結果

	トップページ画面	ボタン	平均登録率	比較グループとの差	サンプル数
1位	B	Learn More	11.6%	+3.34%	12,947
2位	C	Learn More	10.3%	+2.04%	13,073
3位	A	Learn More	9.80%	+1.54%	13,025
比較	A	Sign Up	8.26%	−	13,167

出典：シローカー氏が運営するOptimizelyのウェブサイト
（https://blog.optimizely.com/）

また、当初効果的と予想された画面Aと「Sign UP」の組み合わせは、８・２６％という結果に終わりました。

この実験結果を受けて、オバマ陣営は平均登録率が第１位であった画面案を採用し、実際の選挙活動で使用しました。シローカー氏の試算では、ＡＢ実験で得られた最適な画面を採用したことによって、当初の画面案（画面ＡとSign Up）と比較して２８８万人分の追加的メールアドレスが得られ、それによって約６０００万ドル（72億円）の追加的支援金が集められた、ということです。簡単なウェブサイト上での実験が、大きな影響を及ぼした例と言えます。

さて、ここまで見てきたＲＣＴの具体例は、どちらも単発の介入効果を検証する実験でした。

しかし、ビジネスで行うマーケティング戦略、政府が行う公共政策、学校で行われる教育政策など、様々な事例にとって大切なのは短期的な効果だけではありません。実は、ＲＣＴが扱えるのは短期的な効果の分析に限らず、中長期的な効果の検証も含まれます。この点を説明するために、具体例の３つ目として、著者が京都けいはんな地区で関わった実験を概説したいと思います。

ＲＣＴの具体例３：電力不足はモラルで解決可能か？　価格政策が有効か？

このＲＣＴは、具体例１で紹介した北九州市のフィールド実験と同様、著者が京都大学の依田高典教授、政策研究大学院大学の田中誠教授と分析したものです。この実験は、経済産業省資源エネルギー庁・一般社団法人新エネルギー導入促進協議会・京都府・関西電力、三菱重工等の各機関との共同事業として行われました。

２０１１年の東日本大震災後、日本は電力不足となり、全国で節電が求められました。当時、家庭で使われる電力に対して政府が行った措置は、各家庭が自発的な節電をしてくれることを促す「節電要請」と呼ばれる政策でした。いわば、モラル（道徳）に訴えかける政策と言えます。

一方、北九州市で行われた実験のように、経済学の理論では、電力が希少になっている状況下だと価格を上げて無駄な電力の消費を抑制してもらうという「価格政策」が真っ先に考えられます。

電力の供給が希少になると、非効率な発電所を利用する必要が出てきたり、送電線が混雑したり、停電のリスクが生じたりするなど、社会にとって電力の費用が高くなります。社会的な費用が高ければ、それに応じた価格をつけて節電を促す、というのが経済学の基本なので、電力が不足する時間帯（日本の夏では13時から16時まで）に価格を上げる、という政策が考えられるのです。こういった価格政策は、「電力が不足しない朝や深夜の時間は価格を下げる」という政策と組み合わせることで、電力の総支払いを大きく変化させることなく賢い電力使用を促すことができるのです。

問題は、モラルに訴えかける政策と価格に訴えかける政策、それぞれがどれはどの効果があるものなのか、またその効果は長期で持続するものなのか、実はあまりわかっていないということです。この実験では、この問いにＲＣＴを使って答えました（原論文は Ito, Ida, Tanaka, forthcoming）。

図表2-11 価格変動グループが経験した料金

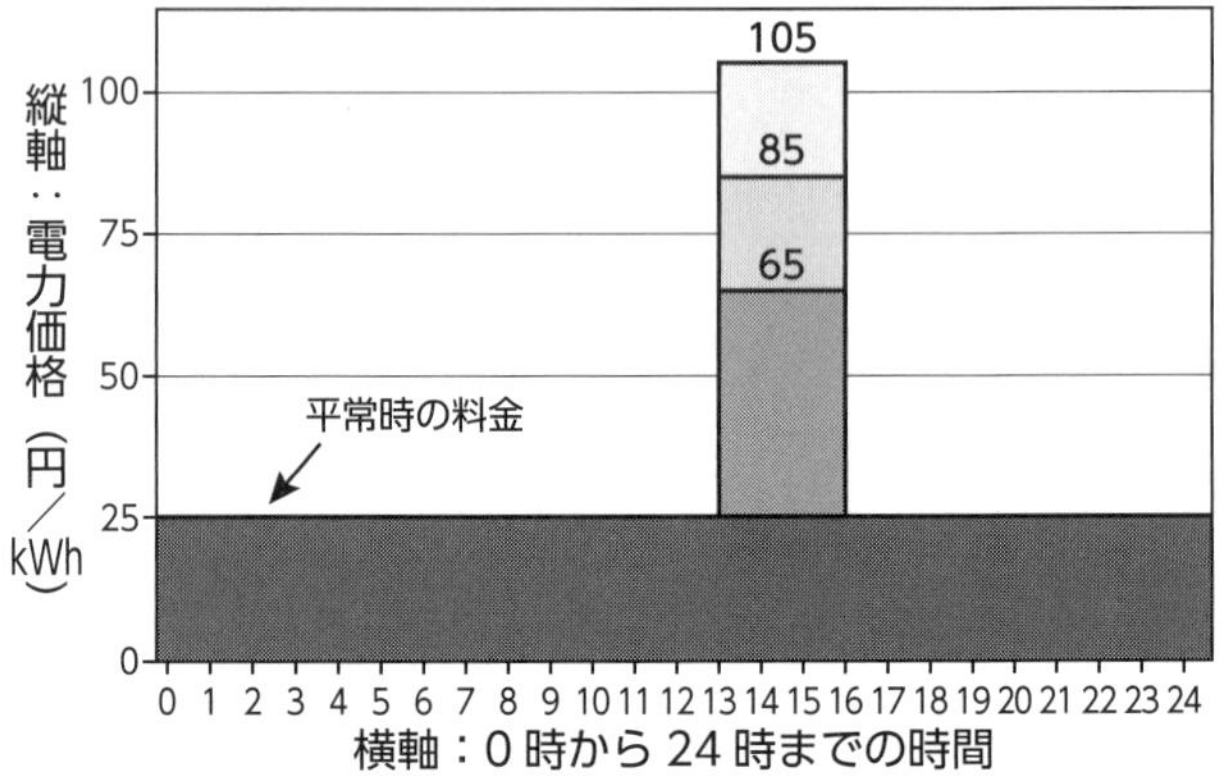

京都けいはんな地域で行われたRCTにおいて、価格変動グループが経験した料金。需給が逼迫する日の13時から16時までの間、電力価格は65円、85円、105円のいずれかへと変更されました。　出典：依田・田中・伊藤（2017）をもとに著者が作成。

ＲＣＴを行うにあたって、京都けいはんな地区における一般世帯が参加世帯として集められました。２０１２年の春、参加世帯にはスマート・メーターが取り付けられ、以下の３つのグループにランダムに分けられました。

①比較グループ：価格の変化も、節電の要請も受けないグループ
②価格変動グループ
③節電のモラルに訴えかけるグループ

②の価格変動グループは、図表２‐11にあるような価格の変化を受けました。平常時には１kWhあたり約25円である単価が、緊

急のピーク時には、13時から16時までの時間帯だけ、65円、85円、もしくは１０５円に上がる仕組みです。このグループの世帯は、前日の夕方と当日の朝に、どの価格が発動されるかを電子メールと家に設置されたディスプレイを通じて通知されました。

一方、③節電のモラルに訴えかけるグループは、価格の変化は受けませんでしたが、価格変動グループと同じタイミングで自発的な節電を促す「節電要請」の通知を受けました。

短期的にはモラル政策も価格政策も有用な効果を持つ

図表２-12に示したのは、価格変化と節電要請が実施された日の各グループの平均消費量（対数値）を30分ごとにグラフ化したものです（価格に訴えかけるグループは65円か85円か１０５円のいずれかの価格を経験したのですが、ここでは全ての結果の平均値を示しています。原論文では、それぞれの価格ごとの影響も分析し、価格が大きいほど節電効果が大きいことを示しています）。

介入が実施された13時以前の消費量は、３つのグループでほぼ等しいことがわかります。そして、13時から16時までの介入時間帯では、節電要請グループと価格変動グループの消費

図表2-12 京都けいはんな地区で行われたRCTの実験結果

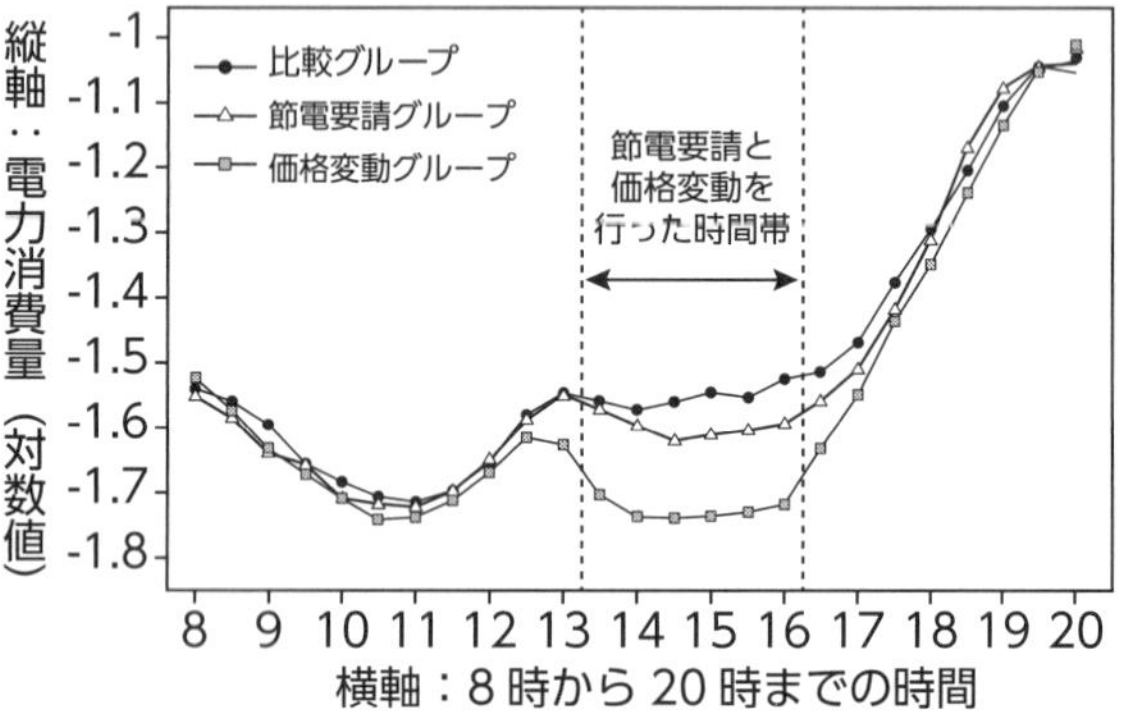

このグラフは比較グループと節電要請グループ、価格変動グループの30分ごとの平均電力消費量（対数値）を介入が行われた日について示したものです。

出典：依田・田中・伊藤（2017）をもとに著者が作成。

量が、比較グループと比較して下がっていることがわかります。

このグラフからわかることは2点です。

1点目は、節電のモラルに訴えかける政策も、価格に訴えかける政策も、どちらもピーク時間帯の電力消費量を下げる効果があった、ということです。(＊1) 2点目は、節電量の大きさで考えると、価格に訴えかける政策がより大きな効果を及ぼした、ということです。価格政策は、夏を通じて約15％の節電効果を生みました。一方、モラルに訴えかける節電要請は、約3％の節電効果でした。

＊1　ここでは詳細な統計分析の結果は割愛

していますが、比較グループの平均消費量と2つの介入グループの平均消費量の差は、統計的に信頼のおける差があります。

効果の持続性は？

節電政策の重要な点として挙げられるのは、政策効果の持続性です。日本の場合、ピーク時間帯の節電が非常に重要になる日は、夏と冬にそれぞれ10日間以上発生することが多くなっています。そのため、「節電要請」の発動を何度か繰り返した場合に政策効果が持続性を持つのか、それとも効果は薄れてしまうのかを知ることが大切なのです。

図表2-13に、政策効果の持続性を分析したグラフを示しました。

夏と冬にそれぞれ、3回の介入を1周期と定義し、実験開始から終わりまでの介入効果の変化を示しました。節電のモラルに訴えかける政策は、最初の周期までは8％ほどの大きな節電効果を生むのですが、それ以降は節電効果がゼロに近くなっていることがわかります。

一方、価格変動の効果は、始まりから終わりまで15％を上回る節電量をもたらし、比較的変化が少なく持続しています。このことから、価格に訴えかける政策は、効果が大きいだけで

図表2-13 節電要請・価格変動の効果の持続性は?

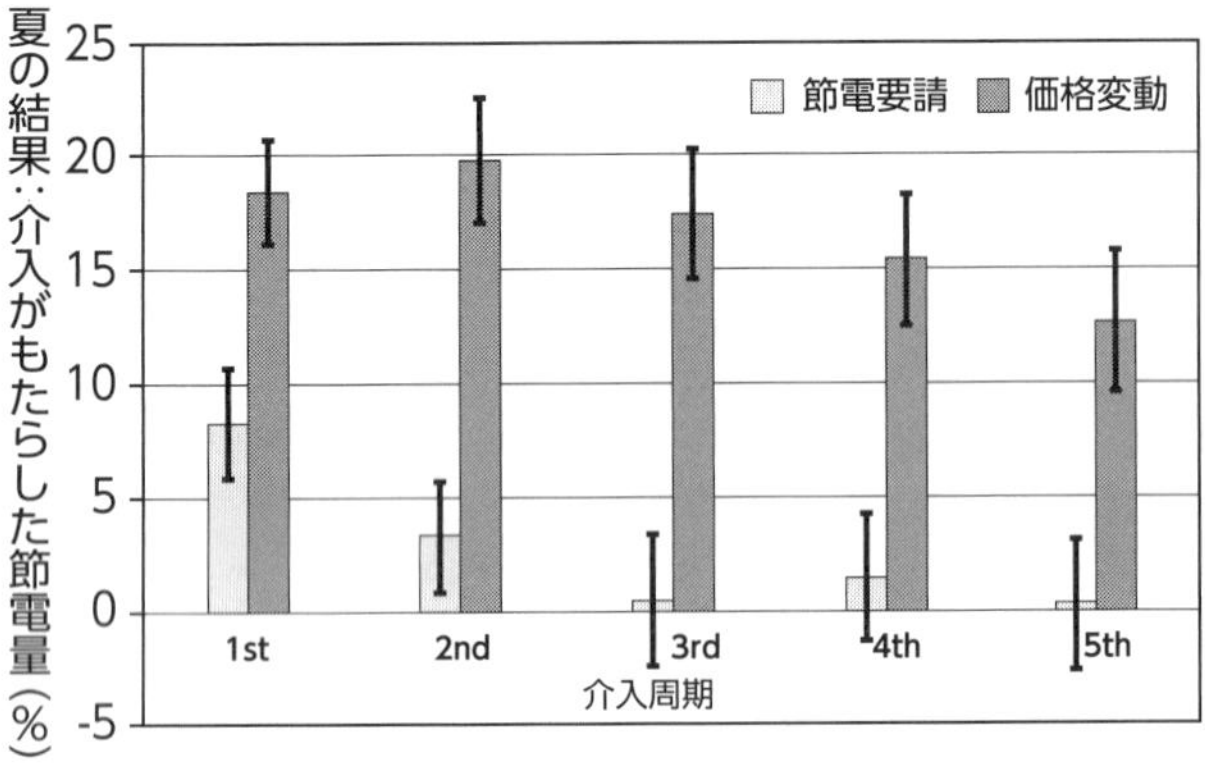

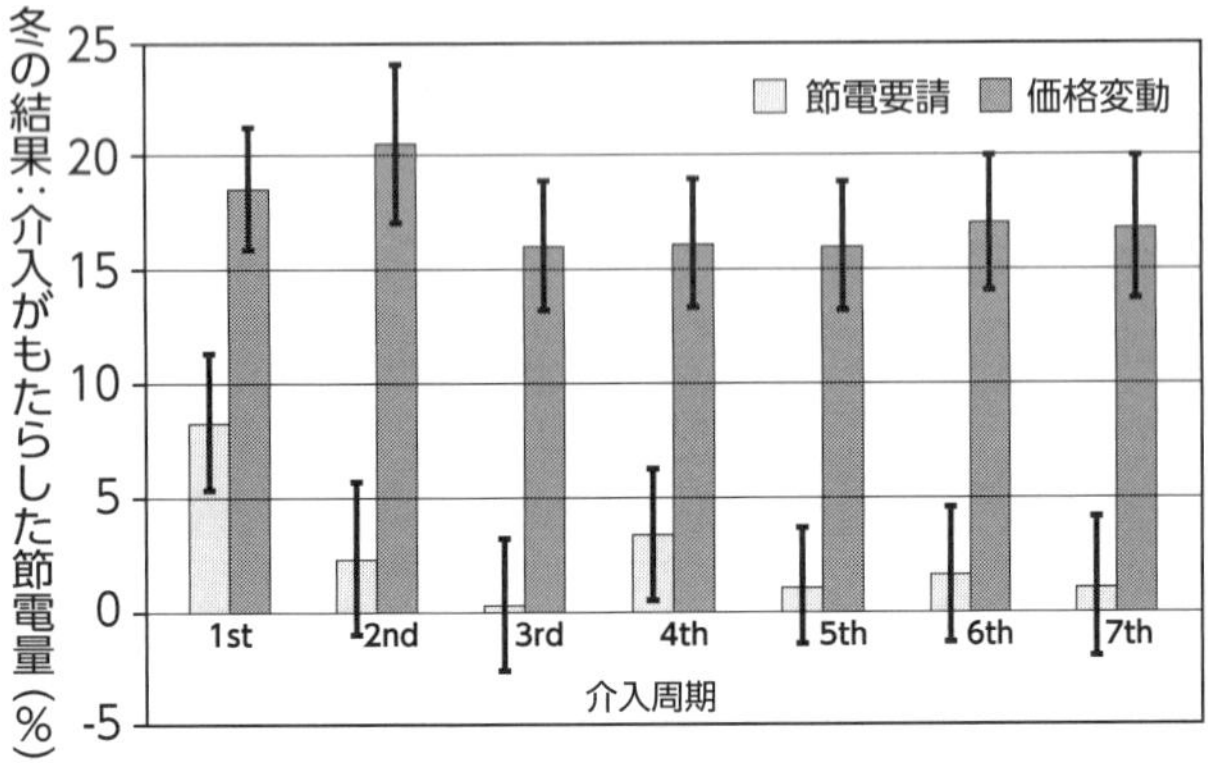

このグラフは介入効果の大きさを、介入が行われた周期ごとに推定し、節電要請グループ、価格変動グループについて示したものです。

出典:Ito,Ida,Tanaka (2015)。

はなく、効果の持続性も期待できることがわかります。

本章の最初から述べてきたように、ＲＣＴの強みは、グループ間の消費量の差異は実験で行われた介入による効果だと断定できることです。

もしグループ分けをランダムではなく、参加する世帯に「好きな介入を選んでもらう」という形で行っていたら何が起こってしまうでしょうか？　懸念される問題は、もともと節電意識の高い人、価格変化に興味がある人、所得が高い人、教育水準の高い人などが特定のグループに入ってしまうことです。そうすると、実験から得られた「効果」が本当に介入の影響だったのか、それとも、そもそもグループ間に存在していた違いなのかを判定することができなくなってしまいます。

先ほどのオバマ前大統領の例と同様、この電力消費量に関する実験でも、適切な実験デザインのもとでＲＣＴを行うことができたために、正確な政策効果が検証できたのです。

「グループのランダム化」は、実際にはどのように行えばよいのか？

ランダム（無作為）なグループ分けとは、分析の主体（ここまでの例では電力の実験に参加する世帯）にサイコロを振ってもらってグループを決めるような概念だ、という解説をしました。しかし、私たちが実験設計を行った際には、皆さんのお宅を訪問してサイコロを振ってもらったわけではありません。

この節では、グループのランダム化を実務的にどのように行えばよいのかを簡単に解説したいと思います。

第1の方法は、**単純ランダム化法**（simple randomization）と呼ばれるものです。この方法では、実験参加者のリストをランダムに並び替えて、上から順に介入グループと比較グループに分けていきます。

例えば、1000人の参加者リストが目の前にあり、これを500人ずつのグループに分ける場合を考えてみましょう。エクセルなどの統計ソフトには、乱数（ランダムな数値）を作成する機能があります。例えばエクセルでは、1000人のそれぞれに対して0から1の間の乱数を発生させることができます。この乱数が小さい人から大きい人へ並び替えをすると、ランダムに順序づけされた1000人のリストができあがります。このリストの上から500人を介入グループとし、残りの500人を比較グループとすれば、もっとも単純なランダム・グループ化が完了します。

ここで注意していただきたいのは「参加者の氏名を五十音順で並べたもの」「郵便番号の数字を小さい方から並べたもの」「住所順に並べたもの」「電話番号の数字で順位づけをして並べたもの」などといった、乱数以外のものを使って並び替えをした場合、ランダムなグループ化は保証されない点です。

こういった属性を使ってグループ化をした場合、２つのグループの集団に差異が出てしまうことがあります。例えば、郵便番号の順番をもとにリストを並び替えた場合を考えてみましょう。この方法だと、ある地域の人が介入グループに集中し、別の地域の人が比較グループに集中することになり、ランダムなグループ化がなされたとは言えない状況になってしまいます。

実験の参加者が非常に多い場合は、単純ランダム化法で問題が出ることはありません。しかし、単純ランダム化法の問題点は、実験参加者が少ない場合に、属性の異なる人たちが偶然、片方のグループに偏って割り振られる可能性が残ることです。

例えば、参加者が男性10人、女性10人しかいない状況を考えてみましょう。この場合、単純に乱数を使ってグループ分けをした場合、片方のグループに男性が多く割り振られてしまう事態が発生しかねません。実験参加者の数が、例えば男性１０００人、女性１０００人と多い状況では、男性が数人だけ片方のグループに多く入っても実験上問題になりません。しかし、参加者が男性10人、女性10人しかいない状況で、数人の男性が片方のグループに多く入ると、そのグループの男性の割合が多くなり、グループ間で明らかな特性の差が出てしまうのです。

このような場合に有効な方法が、**層化ランダム化法**（stratified randomization）と呼ばれる方法です。この方法は、**ブロック・ランダム化法**（block randomization）と呼ばれる場合もあります。

この方法では、まずは同じ特性を持つ参加者をブロック（つまりグループ）に分けます。そのあと、そのブロック内で乱数を用いたランダム化を行います。

もう一度参加者が男性10人、女性10人しかいない実験を考えてみましょう。この場合は、性別でブロック化をすると、男性10人、女性10人という2つのブロックができあがります。その上で、ブロック内（例えば男性10人に対して）で乱数を発生させ、5人ずつを介入グループと比較グループに割り振るのです。同様に、女性10人というブロック内でも乱数を発生させ、5人ずつを介入グループと比較グループに割り振ります。すると、どちらのグループにも男性5名、女性5名の10名が入ることになり、男性が介入グループに偏るといった状況を防ぐことができます。

ブロック化を行う際は、基準となる情報を1つの変数に限る必要はありません。例えば、性別と所得という2つの変数を考えてみましょう。もしも、参加者を所得の高い人、低い人に分けた場合、①男性で所得が高い人、②男性で所得が低い人、③女性で所得が高い人、④女性で所得が低い人、というような4つのブロックを作り、それぞれのブロック内でランダム化をすることが可能です。

入門編である本書の目的を超えるのでこれ以上は割愛しますが、RCTにおけるグループ化や分析手法などの詳しい説明は、Duflo, Glennerster, and Kremer (2007) が非常に明快な解説をしていますので、RCTの専門的な事項に関心のある方は参考にしてください。

RCTの強みと弱み

最後に、RCTの強みと弱みについて触れましょう。

これまで述べてきた通り、RCTの最大の強みは、ランダムなグループ分けを行うことで、因果関係を科学的に示せることです。また、分析手法や結果に透明性があるため、専門家でない人にも比較的わかりやすい説明ができることも利点です。

しかしＲＣＴも万能ではありません。ＲＣＴの問題点や限界などの詳しい説明は、後ほど第7章で行いますが、ここで最大の弱みを挙げておくと、**実施にあたって費用・労力・各機関の協力が必要になること**です。

データ分析というと「既に存在しているデータを分析してみる」という作業を思い浮かべる方が多いと思います。しかし、ＲＣＴの発想は全く違うのです。どちらかというと「答えたい問いのためにデータを作りにいく」という考え方です。

通常、データを作るためには費用がかかります。これはデータを記録する機器の費用に限らず、参加者に支払う費用や、データ取得に尽力してくださる方への支払いも含まれます。また、ＲＣＴを行うにあたっては、各機関の協力が不可欠です。例えば本章で紹介した電力に関する実験は、政府機関・自治体・企業・研究者のチームワークで実現したものです。必ずしも同じ目的で動いていない諸機関が協力することは、様々な形での労力を必要とすることになります。

こういった費用面、労力面での課題を克服することがＲＣＴ実施には不可欠であるため、どんなに優れた方法であっても、その適用が難しい場合もあります。

では、ＲＣＴが行えない場合はデータ分析による因果関係の追求は諦めなければならないのでしょうか？

実はそうではありません。次章からは「ＲＣＴが実施できない場合にどのような分析手法があるのか」という問いに対して、複数の方法論を紹介していきます。

第２章のまとめ

・因果関係をデータ分析によって明らかにする最良の方法はＲＣＴ（ランダム化比較試験）である
・鍵となる概念は、介入グループと比較グループという考え方
・ＲＣＴの鉄則１：分析で明らかにしたい因果関係を測定できるような適切なグループ作りをする。比較グループを設けることは不可欠である
・ＲＣＴの鉄則２：グループ分けは必ずランダムに行う
・ＲＣＴの鉄則３：各グループに十分なサンプル数を振り分ける
・ＲＣＴの強み１：因果関係が科学的に示せること

・ＲＣＴの強み２：分析手法や結果に透明性があること
・ＲＣＴの弱み：実験の実施にあたって費用・労力・時間・各機関の協力が必要なこと。また、その他のＲＣＴの限界や注意点などは第７章で解説する

第3章

「境界線」を賢く使うＲＤデザイン

ＲＣＴが実施不可能な場合はどうすればよい？　自然実験という手法の紹介

前章では、因果関係をデータ分析によって解き明かすための最良の方法は、ランダム化比較試験（ＲＣＴ）であることを説明しました。では、ＲＣＴを実施することができない場合、データ分析者はどのような方法で因果関係を明らかにできるのでしょうか？

近年の経済学研究では、この問いに答えるための研究が盛んに行われています。中でも、**「まるで実験が起こったかのような状況を上手く利用する」**というコンセプトの「**自然実験**(Natural Experiment)」という手法が様々な場面で使われています。本書では「自然実験」という呼称を使いますが、実験に近い状況を利用するという意味で「擬似実験（Quasi-Experiment)」という呼称が使われることもあります。

ＲＣＴはデータ分析者が能動的に実験設計を考え、政策介入やビジネスでの介入といった介入を行い、データを収集して分析を行うという手法でした。

一方、本章から説明していく自然実験という手法は、データ分析者の手によって人工的に実験を行うわけではありません。むしろ、何らかの理由で実験のような設定が生じた、という状況を生かす手法です。

自然実験と比較した場合のＲＣＴの強みは、データ分析者が分析に最適なデザインを行えるということです。一方、自然実験の強みは、必ずしもＲＣＴのような形で行われなかった政策やビジネスでの介入についても分析できるという点です。ＲＣＴと自然実験手法は代替的というよりは補完的な関係であり、どちらが適切かは、データ分析者が置かれた状況や答えたい問題の内容に依拠します。

ＲＤデザイン入門：日本の医療費問題を例として

本章以降、自然実験を用いた3つの手法を紹介していきます。最初に紹介するのは、Regression Discontinuity Design（以下、ＲＤデザイン）という手法です。この手法名も和訳することは可能なのですが、日本語では「回帰不連続設計法」という難しそうな名前になってしまうので、本書ではＲＤデザインと表記していきたいと思います。

以下の説明で明らかになりますが、ＲＤデザインにおけるキーワードは、**不連続**

(discontinuity)、もしくは**境界線**(borderline)という概念です。

イメージを掴《つか》むため、具体例から入ってみましょう。ここで紹介するのは、日本の医療費に関するデータ分析です。皆さんも「医療費が高騰していて政府の財政状況を逼迫させている」というニュースを耳にしたことがあると思います。高額な医療費は日本のみならず、世界中の国々にとって頭の痛い問題です。

医療費抑制政策として真っ先に考えられるのは、医療サービスを利用した際の自己負担額の変更です。自己負担額が安すぎると、本当は病院に行く必要がないのに受診してしまう人が増え、医療費が膨れ上がる可能性があります。ところが、自己負担額を大きくしすぎると、早いうちに病院に行けば治ったはずなのに、病院に行くのが遅れたために大病を患ってしまい、結果的には医療費の高騰につながってしまう、という可能性も考えられます。

そのため、

「自己負担額を変化させると、医療サービスの利用頻度にどのような影響をもたらすのか?」

「自己負担額を変化させると、健康にどのような影響をもたらすのか?」

という問いは、医療政策にとって非常に重要な課題です。

では、この問題に答えを出すようなＲＣＴを行うことは可能でしょうか？　つまり、医療サービスを受ける人をランダムに介入グループと比較グループに分け、介入グループだけ自己負担額を変更する、というような実験を行うことは可能でしょうか？

実はアメリカのオレゴン州では、この発想とかなり近いＲＣＴが２００８年に実際に行われました。ただ通常は、こういった実験を国内全域で行うことは、予算面・労力面・そして倫理面から考えて容易ではないと想像できます。そのため、以下で紹介する研究が発表されるまでは、データ分析を用いてこの問題に説得力のある答えを出すことは、非常に難しいと考えられてきたのです。

医療費の自己負担額が変わる「境界線」に着目した分析手法

カナダのサイモンフレイザー大学に所属する重岡仁助教授は、この問いに答えるため、日本の医療費自己負担制度における特異な点に着目しました（Shigeoka, 2014）。

日本では、70歳の誕生日を境に、医療費の自己負担額が３割から１割へと減少していたことは、皆さんご存知でしょうか？（注：この調査後の２０１４年４月以降、70～75歳は２割

図表3-1 月年齢別に見た外来患者数

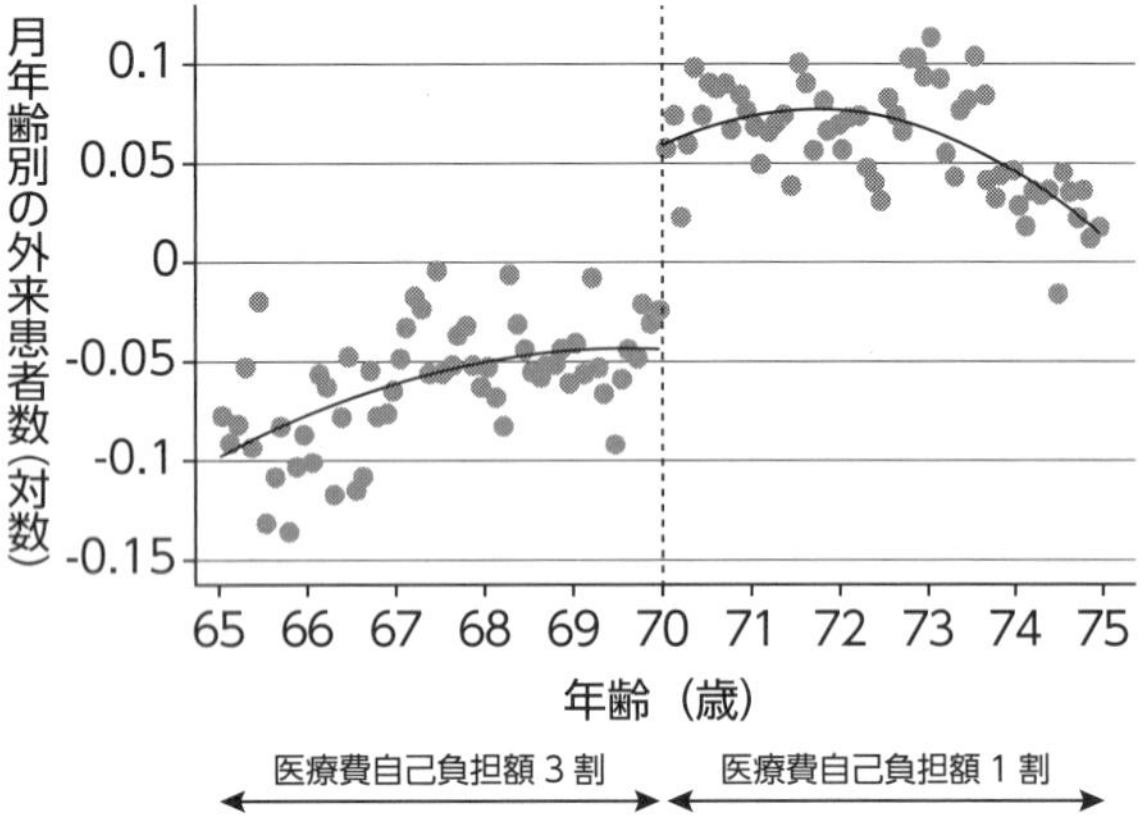

出典：Shigeoka（2014）のグラフに著者が説明を加筆。

負担となった）重岡助教授が着目したのは「もしも自己負担額が医療サービス利用に影響を与えるならば、70歳以上の患者は70歳未満の患者に比べて医療サービスをより多く利用するのでは」という仮説でした。

重岡助教授は「患者調査」という統計の１９８４年から２００８年までのデータを利用し、月年齢別に見た外来患者数をグラフ化しました（図表３－１）。

グラフの横軸は65歳から75歳までの患者の年齢を示しています。また、グラフの縦軸は外来患者として医療サービスを利用した人の数を対数で示しています。

第２章でも説明しましたが、対数を取ることの利点は、ある点と別の点を比較した時に、何パーセント違いがあるかという情報をグラフから読み取りやすいためです。この点については、後ほどもう少し詳しい説明を加えます。

さて、グラフ上の点は何を示しているのでしょう？

「患者調査」データでは、患者の歳を月年齢として観測することができました。例えば、69歳11カ月、70歳０カ月、といった具合です。グラフ上の点は、月年齢ごとの外来患者数を示しています。

では、グラフ上に実線で描かれた曲線は何を示しているでしょうか？

直感的な説明をすると、この実線は、各点の位置に沿うような滑らかな線を引くことで、70歳の左側と右側のそれぞれにおける大まかなデータの動きを見やすくしたものです。統計的に詳しく説明すると、この滑らかな実線は70歳の左側と右側のそれぞれのデータの動きを2次関数として推定した結果です。

図表３‐１から観測できることは2点あります。

1点目は、データが全体的に右上がりの曲線を描いていることです。65歳から72歳あたりまでのデータを見る限り、年齢が高いほど外来患者として医療サービスを利用する人が増えていることがわかります。これは、高齢になるほど健康上の問題が出るため病院に行く必要が出てくる、という医学的な要因に起因していると思われます。

2点目は、70歳を境に大きな「ジャンプ」が見られることです。つまり、69歳11カ月の人に比べて、70歳0カ月の外来患者数が格段に多いということです。

これは医学的な要因で説明がつくでしょうか？

70歳の誕生日を迎えたとたんに、突然健康状態が変化するということは考えにくいので、医学的な要因以外の何かが関連しているのでは、という推測がつきます。

70歳の「境界線」で患者数が非連続的に増えている要因は何か？

さて、この「ジャンプ」（患者数が非連続的に増えていること）の要因は何なのでしょうか？

先述したように、日本では70歳の誕生日を境に医療費の自己負担額が3割から1割へ減少していました。つまり、69歳11カ月では自己負担額が3割だったのが、70歳0カ月からは1割になるのです。RDデザインの仮定については次々節で詳しく述べますが、ここでは仮に「医療費自己負担額以外の要素は、70歳の誕生日を境に急激に変化することはない」としましょう。例えば、70歳の誕生日を境に突然健康状態が悪化したり、突然収入が大きく変わったりなどは起きない、という仮定です。その場合、図表３‐１で観測できた「ジャンプ」は医療費自己負担額の変化でしか説明できないと言えるのです。つまり、境界線でのジャンプを観測することで、医療費の自己負担額（Ｘ）が医療サービスの利用（Ｙ）に与えた因果関係について測定することができるわけです。これが「境界線」を賢く使うＲＤデザインの基本的な考え方です。

自己負担額が３割から１割へ減少することで、外来患者数は約10％上昇した

　ＲＤデザインの仮定の説明に入る前に、重岡助教授の発見とその政策的意味について考えてみましょう。図表３‐１の縦軸に着目すると、70歳を境にした医療サービス利用の伸び幅は約０・１くらいであることがわかります。

　第２章で触れたように、対数を使って縦軸を表現することの利点は「対数と対数の差はパーセント変化に近似する」というものです。この場合、対数差で０・１というのは、近似的に約10％の伸びを意味しています。つまり、70歳を境にして外来患者数が約10％伸びたとい

うことです。

「自己負担額が3割から1割に減少することで、外来患者数は約10％上昇した」という発見は、この章の冒頭でも述べた通り、医療経済学や医療政策の世界では非常に重要な発見になりました。

また重岡助教授は、この値が、経済学でよく使われる「医療需要の価格弾力性」としてはどのような意味合いを持つのかも計算しています。需要の価格弾力性とは、価格が1％上がった際に需要が何％変化するか、という数値です。重岡助教授の計算によると、図表3‐1から推定された価格弾力性はマイナス0・18でした。つまり、医療サービスの価格が1％上がった場合、需要は0・18％下がる、という計算結果です。ここで発見された需要の価格弾力性は、最適な医療費とは何か、最適な自己負担額とはどのくらいなのか、といった医療政策における様々な議論で、非常に重要な値になりました。

RDデザインで必要となる仮定とは

この節では、RDデザインで必要となる仮定について図を使いながら説明していきます。

前章までと同様、介入である「医療費の自己負担額」についてはＸで表記し、結果である「医療サービス利用数」についてはＹで表記していきましょう。つまり、ここで私たちが追求したい因果関係は、医療費の自己負担額（Ｘ）が医療サービス利用（Ｙ）に影響するのか、という問題です。

ＲＤデザインで必要な仮定とは、

ＲＤデザインの仮定

もしも境界線で自己負担額（Ｘ）が変化しない場合、医療サービス利用（Ｙ）の平均値が境界線でジャンプすることはない

というものです。

図表３－２を見てください。実際の日本の政策では70歳０カ月を境に自己負担額が変わるというルールがあるわけですが、「もしもこのルールが存在しなかった場合」を考えてみま

図表3-2 RDデザインにおける仮定とは

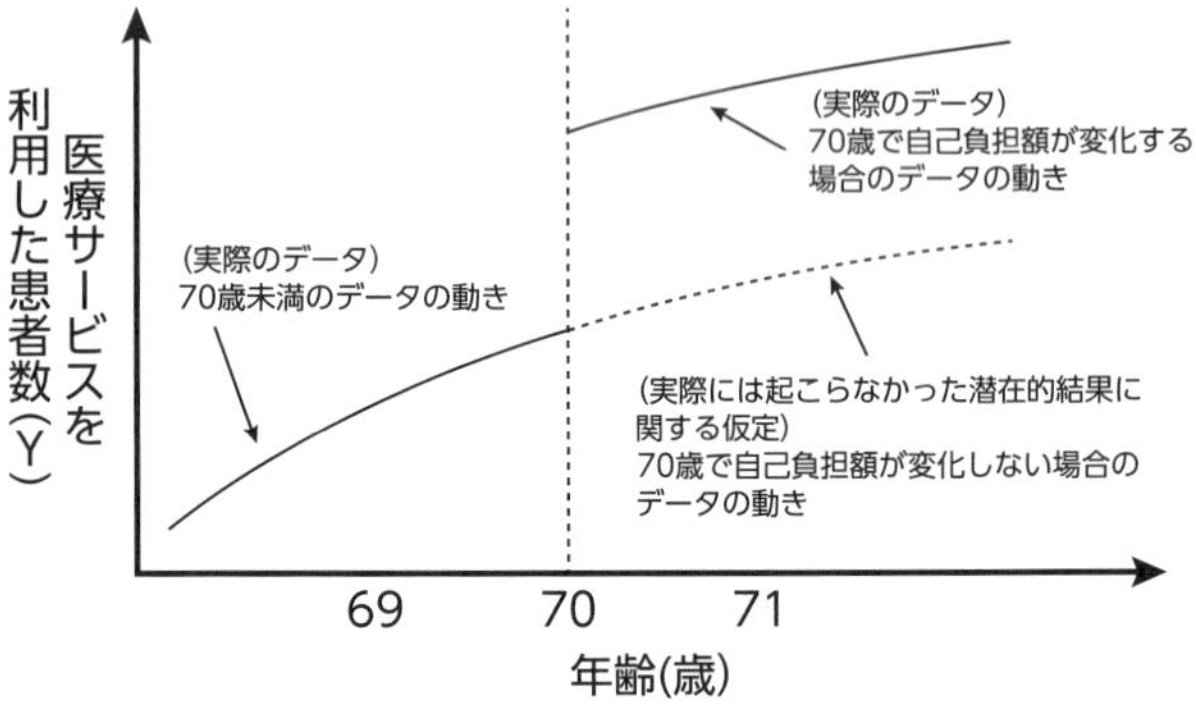

RDデザインで必要な仮定とは「もしも70歳の境界線上で自己負担額(X)が変化しない場合、医療サービス利用(Y)の平均値が境界線でジャンプすることはない」というものです。

しょう。

前記の仮定が意味するのは、「もしも、自己負担額（X）が70歳を境に変化しない場合、図表3-1にあるような医療サービス利用（Y）のジャンプは起こり得ない」という仮定です。つまり、このルールが存在しない場合は、図表3-2に点線で示したように、70歳の前後でも医療サービス利用のデータ（Y）の動きが滑らかであり、70歳でのジャンプは起こらない、という仮定なのです。

では、この仮定が成り立つかどうか、データを用いて検証することは可能でしょうか？

残念ながらそれは不可能なのです。なぜ

なら、実際には70歳を前後に自己負担額の変化が発生しているので「70歳前後で自己負担額の変化がなかった場合の患者数のデータ（図表３‐２で点線として示されているもの）」はあくまで仮想的・潜在的な結果にすぎず、実際には存在しません。前章で説明したように、図表３‐２の点線のようなデータを「実際には起こらなかった潜在的結果（counterfactual potential outcome）」と呼びます。介入を受けてしまっているグループについて「もしも介入を受けなかった場合の結果はどうだったのか？」という潜在的結果を知ろうとしても、そのデータは観測不可能なのです。

つまり、ＲＤデザインの仮定は図表３‐２の点線である「観測できない」データに依拠しており、この仮定が本当に正しいかどうかをデータによって立証することは不可能なのです。分析者としてできることは「この仮定はおそらく成り立つだろう」という議論を展開していくことに限られます。

この点が自然実験とＲＣＴで大きく異なる点です。ＲＣＴでは、ランダムにグループ分けを行えば、グループを比較して因果関係を分析するための仮定が成り立つことを数学的に証明できました。しかし、ＲＤデザインを始めとする自然実験手法では、仮定が成り立つことを数学的に証明することはできず、あくまでも議論を積み重ねていくしかないのです。

医療費自己負担額の分析で、ＲＤデザインの仮定は成立しそうか？

では、ここまで見てきた日本の医療費に関わる分析で、ＲＤデザインの仮定が成立しそうかどうか、様々な点から見ていきましょう。

ＲＤデザインの仮定については、例えば、以下のような批判があり得るでしょう。

「年齢を経るごとに病気になる可能性は高くなる。そのため、高年齢の人ほど医療サービスを受けることになるのは当然である。よって、このような年齢と健康状態の関係を考えれば、仮に70歳の前後で自己負担額の変化がなかったとしても、70歳で患者数が増えるということはあり得るのでは？」

この批判はＲＤデザインの仮定を崩すでしょうか？　確かに、年齢を経るごとに病気になる可能性は高くなる、というのはその通りであり、グラフを見ても、65歳から70歳にかけて年齢とともに緩やかに患者数が伸びていることがわかります。

ＲＤデザインの強みは、こういった懸念が「70歳を境に非連続的にジャンプしない限りは」分析には影響しないと言い切れる点です。たとえ年齢が健康に影響を与えているとしても、その影響が70歳の誕生日を境に「非連続的にジャンプする」可能性はあるでしょうか？医学的に考えても、70歳の誕生日を境に病気になる確率が急激に上がる可能性は低いと言えます。もしも、年齢と健康の関係が連続的な関係であり、この関係が70歳を境にジャンプをもたらすものではなければ、ＲＤデザインの仮定は守られることになります。

ＲＤデザインで分析者が示すべきこと：他の要素が境界線上で非連続的にジャンプしていないかを検証する

ありうる批判の２点目として「年齢を重ねるごとに就業率や労働時間、収入などが変わるのでは？」という点が挙げられます。

確かにこれらの要因は、医療サービス利用への影響があってもおかしくありません。しかしながら、これらの変数も「年齢に従って連続的に変化していくもの」である限り問題ありません。なぜなら、連続的な変化である限り、70歳時点での医療サービス利用の「ジャンプ」を説明することはできないためです。

ＲＤデザインで分析者が検証すべきことは、就業率や労働時間、収入など、懸念となる変

図表3-3 月年齢ごとの就業率

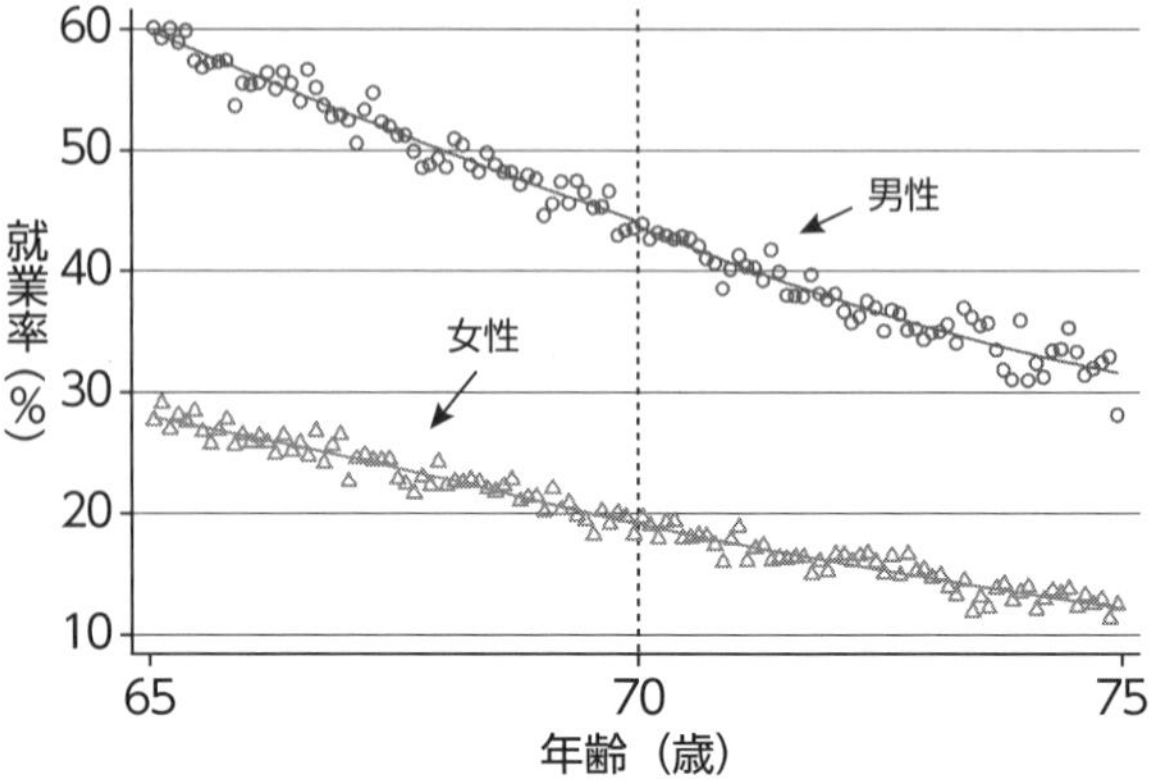

70歳を境に就業率が非連続的には変化していないことがわかります。
出典：Shigeoka（2014）のグラフに著者が説明を加筆。

数が70歳を境に「非連続的な変化」を見せていないか、グラフを作って確認することです。例えば、図表3‐3を見てください。このグラフでは、月年齢ごとの就業率を男性と女性に分けて示しています。年齢を重ねるごとに就業率はなだらかに減少していきます。しかし、70歳を境にした非連続的な変化は見受けられません。

このように、懸念となる変数に関してはデータを集めて、非連続的な変化が起こっていないことを示すのが大切です。

ＲＤデザインにおける仮定が崩れるのはどんな場合か

ＲＤデザインにおける仮定が崩れるのは、自己負担額以外の何かが70歳を境に非連続的に変化し、医療サービス利用に影響する場合です。仮に70歳の誕生日を境に年金の支給額が格段に上がるという例を考えてみましょう（注：実際にはそういったことはありません）。

このことが、なぜＲＤデザインの仮定を崩す可能性があるのでしょうか？

それは、年金の支給額が上がれば所得が増えることになり、医療サービスを受けるための資金ができるということです。そのため、年金支給額の増加は医療サービス利用を増加させる可能性があります。その場合「たとえ70歳を境に自己負担額が変わらなくても、70歳を境に医療サービス利用が非連続的に増加する（ジャンプする）」可能性が出てきてしまい、ＲＤデザインの仮定が崩れるのです。

もしもこういったことが本当に起こっていれば、図表３‐１で観測された患者数のジャンプは「年金支給額が70歳を境に格段に上がる影響」であって、自己負担額変化の影響ではない、という批判が成り立ってしまいます。すると、ＲＤデザインを用いて測定された「効果」が、自己負担額変化の影響だけであるとは言い切れなくなるのです。

RDデザインの仮定が崩れる例のもう一つは、データの対象となっている主体が、グラフ上の横軸の変数を操作できる場合です。ここの例で言うと、患者が自分の年齢をごまかして操作できる場合です。

仮に、そのようなことが可能だとします（もちろん、現実的には不可能に近いと思いますが）。すると、病気になりがちな人や所得が低い人など、ある特定の人たちが自分の年齢をごまかして70歳以上だと記載する可能性が出てきます。すると、グラフ上で70歳の右側にはそもそも病気になりやすい人が集まり、70歳の左側には比較的健康な人が集まることになります。こうなると、たとえRDデザインで70歳の左側と右側に差が出たとしても、それは自己負担額の変化による純粋な影響だけではなく、不健康な人が年齢をごまかして右側に集中した影響も含むことになってしまいます。

よって、RDデザインを用いる分析では「データの主体が、横軸の変数を恣意《しい》的に操作できない」という条件が必要になります。

以上の2つの例のどちらの場合も、RDデザインの仮定が崩れることになり、図表3－2において点線で示した部分が70歳を境に非連続的に変化してしまうことになります。なぜなら、もしも70歳で自己負担額が変化しないという状況を考えた場合でも、年金支給の非連続的な変化や年齢詐称の影響により医療サービス利用が非連続的に変わってしまうためです。

重岡助教授がＲＤデザインを用いて分析したこの研究の強みは、ＲＤデザインに必要な仮定が守られている可能性が非常に高いということです。

まず、日本の制度上、70歳の誕生日を境に非連続に変わる政策は医療費の自己負担額以外にないことが論文で示されています。また、日本の医療保険では自分の年齢を偽ることは基本的にはできません。

繰り返しになりますが、以上の議論を用いても依然として「ＲＤデザインに必要な仮定が適切に守られている」と断定したり立証したりすることはできません。あくまでも、分析者側にできることは「この状況下ではＲＤデザインの仮定は守られる可能性が高い」と主張できる根拠を並べていくだけです。


ＲＤデザインは境界線付近でＲＣＴに近似した状況を作り出す

ここで、前章で解説したＲＣＴとＲＤデザインとの関連性を考えてみましょう。端的に言うと、**ＲＤデザインは境界線付近で自然に作られたＲＣＴという理解ができます。**

この考え方を理解するため、境界線上付近にいる2つのグループを考えてみてください。1つ目のグループは、69歳11カ月の人たち、そして2つ目のグループは70歳0カ月の人たちです。この2つのグループは誕生日が少しだけ違うだけなので、平均的には健康状態や就業率など様々な要素において非常に似通った集団になるのではないか、と予想されます。

ところが、誕生日が少し違うだけで、1つ目のグループの自己負担額は3割、2つ目のグループの自己負担額は1割になります。つまり、非常に似通った2つのグループに対し、あたかもランダムに（無作為に）介入（ここでは低い自己負担額）を割り振ったような状況が作り出されたのです。前章の言葉使いを踏襲すると、69歳11カ月の人たちが比較グループで、70歳0カ月の人たちが介入グループと解釈できるのです。

RCTとは異なり、データ分析者がこの2つのグループを作ったわけではありません。しかし、70歳の誕生日で自己負担額が3割から1割へ大きく変わる、という日本の制度が「あたかも実験が起こったかのような状況」を作り出したのです。これが、RDデザインを含めた本章以降の手法が「自然実験」と呼ばれる所以《ゆえん》です。

ＲＤデザインの弱みは？

では、最良の方法であるＲＣＴと比較すると、ＲＤデザインの強みと弱みとはどのような点なのでしょうか？

ＲＤデザインの弱みとして認識が必要なのは、この方法で測定できる因果関係は、あくまでも「境界線付近にいる人」に関しての因果関係であるということです。

このことを前記の例で説明してみましょう。分析によって求めたい因果関係は自己負担額（Ｘ）が医療サービス利用（Ｙ）へ与える影響でした。しかし、70歳の境界線を使うＲＤデザインで分析できるのはあくまでも「年齢が70歳付近の人たちが自己負担額にどのように反応するのか」という因果関係だけだということです。ですから、重岡助教授の分析を用いて「日本の70歳前後の方が医療の自己負担額にどのように反応するのか」を議論するのは適切ですが、50歳や80歳など、70歳の境界線付近から離れた人に対しても分析結果を適用したい場合、追加的な仮定が必要になります。

一方、適切なＲＣＴを行うと、より広範囲な年齢層の方たちの反応を調べることが可能です。例えば、仮に日本全国の患者に対して自己負担額１割と３割をランダムに割り振る、というＲＣＴが可能だったとしましょう。すると、日本全国の様々な年齢の人に対しての「効果」を分析することができます。なぜなら、様々な年齢層の中に介入グループと比較グループを作り出すことができるからです。

ただし、もしも分析の対象としたいのがまさに70歳前後の人だった場合、この弱点は全く問題になりません。例えば、政策担当者の関心が70歳前後の患者への最適な制度改革を吟味したい、ということであれば、このＲＤデザインで得られた分析結果がまさに知りたい結果だった、ということになります。

また、「この政策の政策効果は年齢に関係なく等しい」という仮定が成り立てば、前述したＲＤデザインの弱みはあまり問題にならなくなります。なぜなら、この仮定さえ置いてしまえば、70歳に対して測定できた「介入効果」を全ての年齢の人に対して適用可能だからです。しかしながら、多くの場合、こういった仮定は成り立たないことが最近の経済学研究から指摘されています。様々な理由により、年齢層によって医療価格への反応度が異なる可能性が高いためです。

ＲＤデザインの強みは？

一方、ＲＤデザインの大きな強みは、ＲＣＴを実施しないにもかかわらず、ＲＣＴに近い状況を作り出せるという点です。これは実験を行う費用も手間もかかるＲＣＴを考えた場合、すでに存在するデータを利用するだけで分析を始められるＲＤデザインの大きな強みです。

また、ＲＤデザインが他の自然実験手法と比較して優れている点は、分析結果の説明や分析の仮定の検証をする際にグラフを使ってビジュアルな説明ができる点です。この点は、透明性のある分析を可能にするのと同時に、データ分析の非専門家にとっても納得するような分析を実現させるので非常に重要な点です。

最後に、ＲＤデザインを使える状況は世の中の色々なところに存在します。本節まで見てきた例は、「ある年齢を境に政策介入が非連続的に変化する」というものでした。実は世の中を見渡してみると、ビジネスや政策によって境界線が作り出されている状況は想像以上に多岐にわたります。

次は、「地図上の境界線を利用する」というＲＤデザインの事例を見てみましょう。

境界線の南北で電力価格が違う？　地理的境界線を用いたＲＤデザイン

図表３‐４で示しているのはアメリカのカリフォルニア州オレンジ郡の地図です。この地域が特徴的なのは、２つの電力会社のサービス地域境界線が都市の中を貫通していることです。同じ都市に住む人でも、サービス地域境界線の南に住んでいればSan Diego Gas & Electric（SDG&E：サンディエゴ電力ガス会社）という電力会社から電力の提供を受け、北に住んでいればSouthern California Edison（SCE：南カリフォルニア電力会社）という電力会社から電力の提供を受けます。

２０００年7月までは、この２つの電力会社は、ほぼ同様の家庭用電力価格を設けていました。ところが、２０００年8月にSDG&E側だけ電力価格が2倍に跳ね上がりました。つまり、誰かが意図的にＲＣＴのような実験をしたわけではないのに、同じ都市の南側の世帯だけ電力価格が上がるという自然実験が起こったのです。

ここでは、この自然実験を利用して消費者が電力価格にどのように反応しているのかについて分析した、Ito（2014）の一部を紹介します。

第2章で述べたように、電力価格が消費者の行動に及ぼす影響を調べる最良の方法はＲＣ

図表3-4　カリフォルニア州オレンジ郡における電力会社の境界線

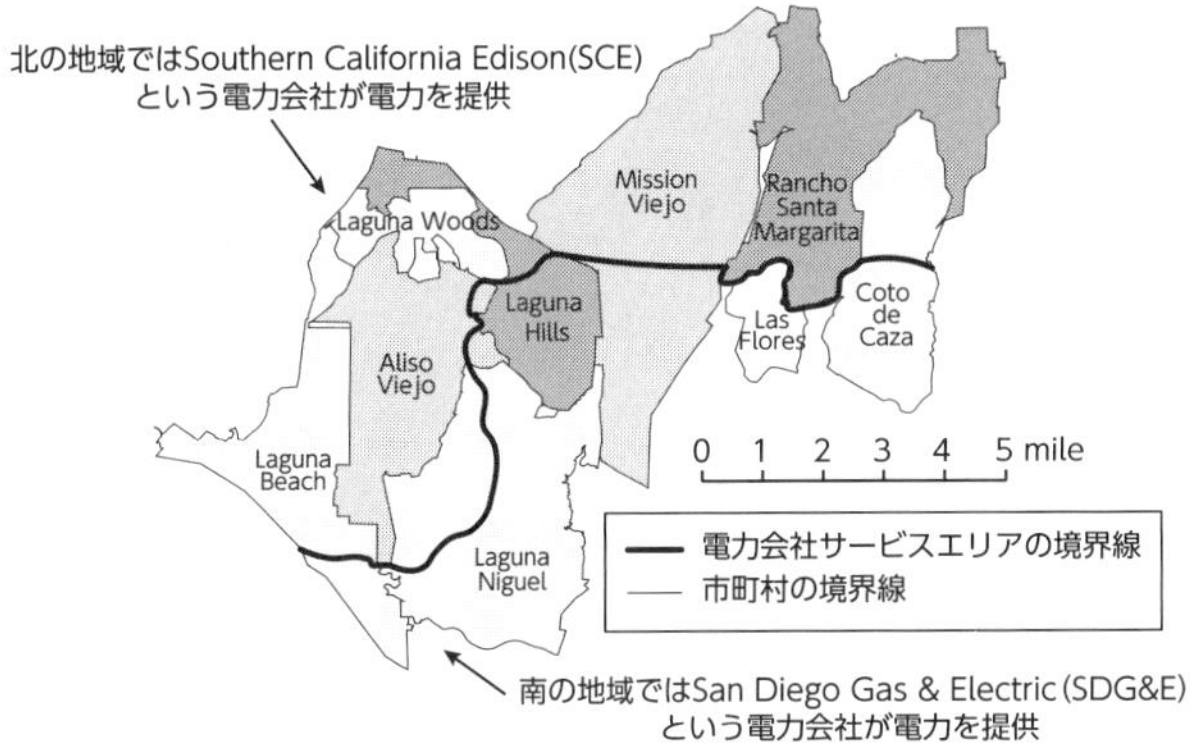

この地域では、同じ市町村内でも、北と南の地域で電力会社が異なります。
出典：Ito（2014）のグラフに著者が説明を加筆。

Ｔです。しかしながら、ＲＣＴを大きな規模で実施することは容易ではありません。そのため、著者はここで紹介するＲＤデザインを用いて消費者行動の分析ができないかと考えました。そのアイディアをもとにカリフォルニア州政府と電力会社と協力し、各世帯の月間電力消費データ10年分を分析しました。

　図表３－５では、電力価格が北と南ではほぼ同様であった２０００年７月の電力消費量（前年の同月と比較した場合の変化量）を示しています。図の横軸はサービス地域境界線からの距離を示しています。横軸上のゼロは、電力会社の境界線です。また、図の左側（境界線からの距離が負の値で示

図表3-5 電力価格が北と南でほぼ同様であった2000年7月の電力消費量

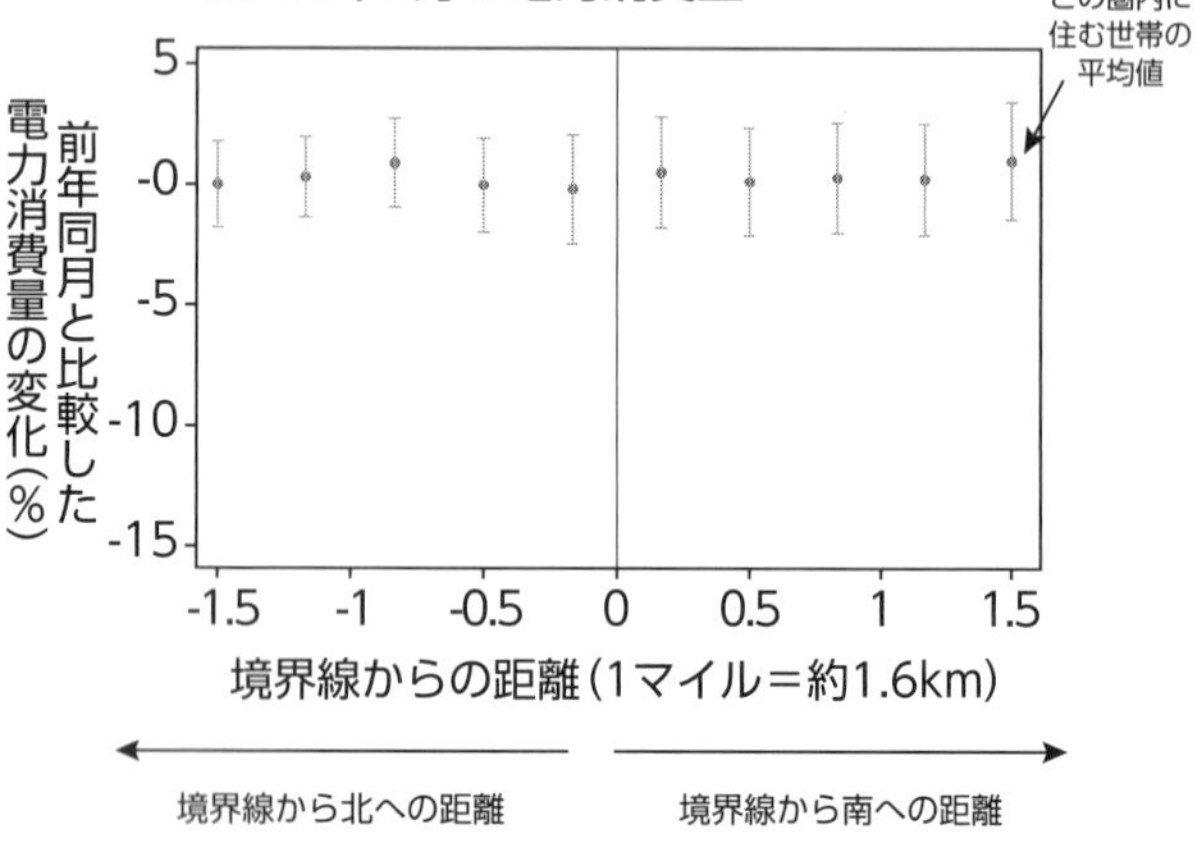

図表3-6 南側の地域だけ電力価格が2倍に跳ね上がった2000年8月の電力消費量

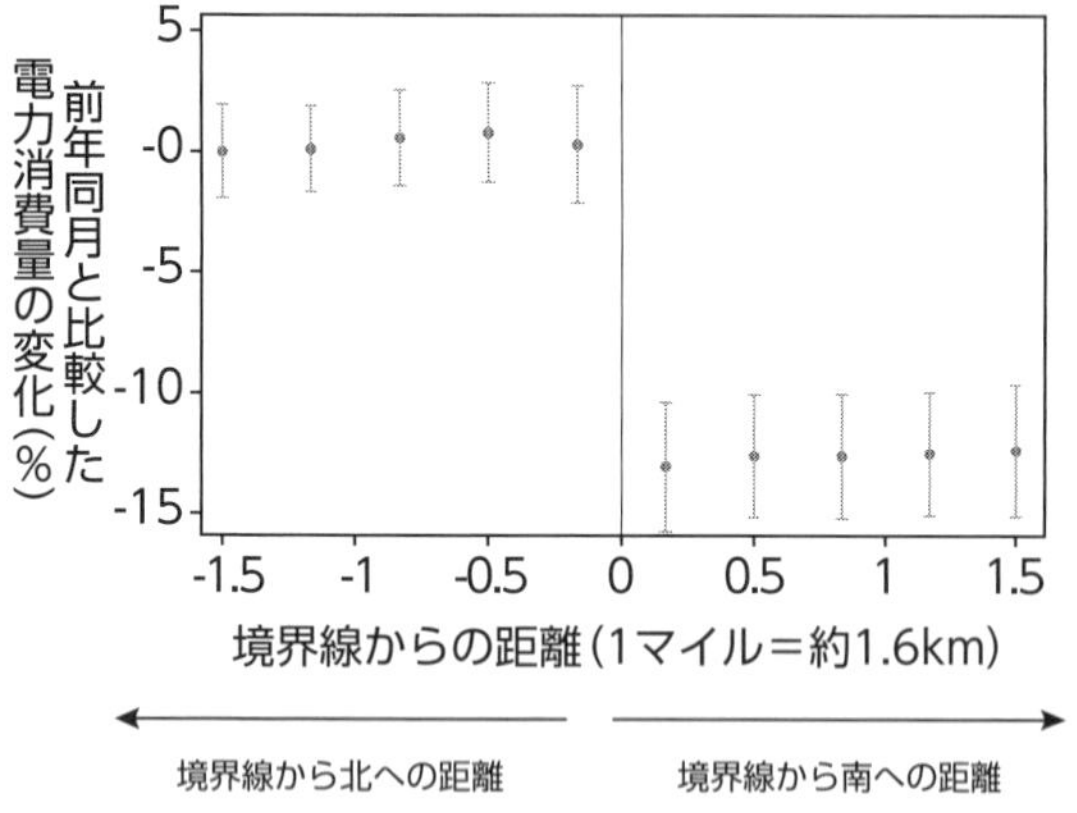

されている部分）は境界線の北側の地域を示し、右側（境界線からの距離が正の値で示されている部分）は境界線の南側の地域を示します。

図の中で示されている各点は、該当する地域に住む数千世帯の消費量平均値（厳密には前年同月と比較した消費量の伸び率）です。また、各点をまたぐ縦線は95％信頼区間という値を示します。この信頼区間は、平均値の計算上での誤差がどれだけ大きいかという指標になります。電力価格が北と南でほぼ同様であった時期の消費量（図表３‐５）を見ると、この段階では両地域の消費量に大きな差はないことがわかります。

一方、図表３‐６では、同様のグラフを「南の地域だけ電力価格が２倍に跳ね上がった」２０００年８月における消費量データについて見ています。この図からわかるように、図の左側の地域（境界線よりも北側の地域）と比較して、図の右側の地域（境界線よりも南側の地域）では平均13％の消費量減があったことがわかります。

この「地理的境界線上」でＲＤデザインの仮定は成り立つか？

ここで、先述したＲＤデザインの仮定を思い出してください。この例で測定したい因果関係は、2000年8月に電力価格が2倍に跳ね上がったこと（X）が電力消費量（Y）に影響したか、という問いです。そのため、ここで必要になるRDデザインの仮定は「境界線上で電力価格の変化（X）がなかった場合は、境界線を境に電力消費量（Y）がジャンプすることはない」というものです。

前節までで解説した通り、RDデザインを始めとする自然実験法では「仮定が成り立つことを立証すること」は不可能であり、分析者は「仮定はおそらく成り立つ」という証拠を並べていくしかありません。

証拠を並べる作業の紹介として、ここでは著者が実際に示した3つの点（強み）について触れたいと思います。この例では、電力価格の変化以外に、別の要素がこの両地域で非連続的に変わったならば、この仮定が崩れます。例えば気候の影響はどうでしょう？　もしくは電力価格の変化以外に州や市の制度が変更されたなどの大きな政策介入の変化はなかったでしょうか？

本分析のRDデザインの強みの1点目は、電力会社サービスエリアの境界線が同じ都市の中を貫通していることです。南北の世帯はあくまでも同じ都市に住んでいるため、気候の変化や他の政策介入の変化は南北地域に共通して起こった可能性が高く、南北でジャンプが起こるような影響を生み出したとは非常に考えにくい、という点です。

本分析の強みの2点目は、価格変化という介入（Ｘ）が起こる以前のデータが存在し、図表３‐５の結果を示せるという点です。図表３‐５のデータは介入が発生する前の２０００年７月におけるデータであり、「もしも２０００年８月に価格変化がなかったならばジャンプはなかった」という潜在的結果についての仮定を立証したものではありません。しかし、７月にジャンプがなかったにもかかわらず、突然８月にジャンプが（電力価格の変化以外の要因で）起こることは考えにくいため、図表３‐５はＲＤデザインの仮定を検証する上で大きく役立ちます。

本分析の強みの3点目は、アメリカ国勢調査のデータを利用することで南北の地域の世帯が（異なる電力価格の変化を経験した以外の点において）本当に似通っていることを示せる点です。図表３‐７では、著者が世帯データの位置情報と国勢調査のデータを統合して検証した記述統計を示しています。この表は、第2章のＲＣＴのところで介入グループと比較グループの属性を比較した表と同様のものです。表を見ると、国勢調査のデータから観測できるあらゆる属性で南北の世帯の平均値が非常に似通っていることがわかります。

図表3-7 境界線の北に住む世帯と南に住む世帯の属性情報

	境界線の北に住む世帯	境界線の南に住む世帯	平均値の差の検定	
	平均値	平均値	平均値の差	標準誤差
国勢調査データ				
一人当たり所得 ($)	40773	40832	59	(2261)
持ち家価格 ($)	391508	404887	13379	(27849)
家賃 ($)	1364	1385	21	(74)
1立法マイル当たりの人口	6084	5423	-662	(508)
同居する家族の人数	2.71	2.81	0.11	(0.09)
年齢	47.71	45.73	-1.98	(1.35)
持ち家の割合 (%)	81.86	84.27	2.41	(2.53)
男性の割合 (%)	49.12	48.65	-0.46	(0.52)
男性の就業率 (%)	74.90	78.67	3.78	(2.41)
女性の就業率 (%)	57.75	58.54	0.79	(2.19)
大卒率 (%)	50.31	52.96	2.65	(1.76)
高卒率 (%)	35.25	32.27	-2.98	(1.44)
高卒未満の学歴 (%)	4.28	4.07	-0.21	(0.44)
白人の割合 (%)	85.53	83.74	-1.79	(1.27)
ヒスパニックの割合 (%)	9.33	9.70	0.37	(0.93)
アジア系の割合 (%)	6.97	8.23	1.26	(0.90)
黒人系の割合 (%)	1.19	0.86	-0.32	(0.22)
電力消費データ				
電力消費量 (kWh/日)	21.37	22.48	1.11	(0.12)
電力消費量 (対数)	2.89	2.89	0.00	(0.00)
1999年の電力消費量 (対数)	2.86	2.86	0.01	(0.01)

境界線の北の世帯と南の世帯では様々な属性が似通っています。

出典：Ito（2014）の表をもとに著者作成。

ＲＤデザインでは「誰に対しての因果関係」を主張できるのかの検証が重要

以上の仮定が成り立つとすれば、図表3‐6の結果から「電力価格が2倍になったため、電力消費は平均で13％ほど下がった」ということが因果関係として言えることになります。

ただし、もう一度ＲＤデザインの弱点として注意したいのは、この結果はあくまでも境界線付近にいる世帯についての効果を測定したということです。仮にこの分析の目的が「境界線付近に住む世帯に対しての価格効果を分析すること」であればこの点は問題がありません。しかし例えば、この分析の目的が、カリフォルニア全域の消費者の価格への反応度を見たい、ということだったとします。その場合「この分析で着目した境界線近くの住民の電力価格への反応」と「カリフォルニア全域の住民の電力価格への反応」が等しい、という仮定を置かない限り、ＲＤデザインで得られた結果をそのままカリフォルニア全域に適用することはできません。よって、ＲＤデザインで得られた効果について解釈する場合にはこの点に注意を払う必要があるのです。

「**外的妥当性**」と呼ばれるこの議論は、データ分析を行う側にとっても、分析結果を利用する側にとっても非常に重要な点なので、第7章で詳しく説明を行います。

第3章のまとめ

・ＲＣＴが実施できない場合「自然実験」という手法を用いることができる
・自然実験とは、あたかも実験が起こったかのような状況を用いて因果関係を分析する手法である
・本章で紹介した「ＲＤデザイン」は世の中に存在する「境界線」を上手く使い因果関係に迫る自然実験手法
・ＲＤデザインの鉄則１：「境界線」を境に１つの要素（Ｘ）のみが「非連続的に」変化する状況を見つけ出す
・ＲＤデザインの鉄則２：境界線付近でＸ以外の要素が非連続的に変化していないかのチェックを行う
・ＲＤデザインの強み１：仮定が成り立てば、境界線付近であたかもＲＣＴが起こっているかのような状況を利用できる
・ＲＤデザインの強み２：主要な結果を図を用いて示せることで、分析者以外に対しても理解がしやすく、透明性のある分析ができる

・ＲＤデザインの強み３：ＲＤデザインを利用できる「境界線」はビジネスや政策の様々な場所・場面に存在するため、ＲＣＴが実施できない際に有効な分析手法の一つである

・ＲＤデザインの弱み１：ＲＤデザインに必要な仮定は、成り立つであろう根拠を示すことはできるが、成り立つことを立証はできず、この点はＲＣＴに比べて大きな弱点である

・ＲＤデザインの弱み２：ＲＤデザインは、境界線付近のデータに対しての因果関係しか主張できないため、実験参加者全体への因果関係を主張できるＲＣＴに比べて有用性に欠ける場合がある

第4章

「階段状の変化」を賢く使う集積分析

図表4-1 日本の所得税率

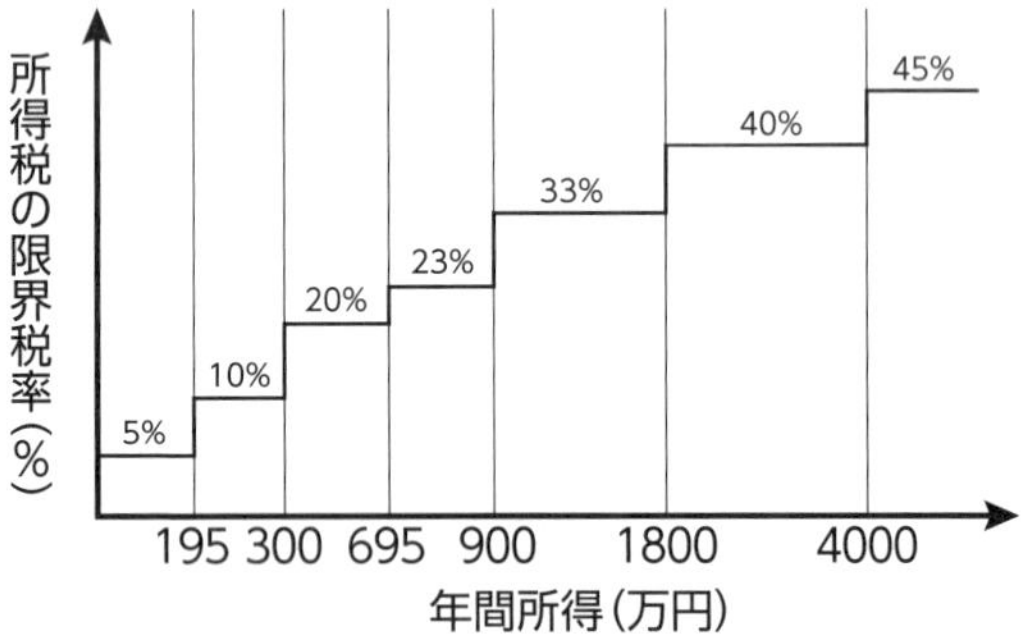

このグラフは2016年現在の日本の所得税率を描いたものです。限界税率とは、追加的な所得に関してかかる税率を示しています。例えば、所得が300万円の方は、195万円以下に対しては5%の税率がかかり、195万円から300万円までの所得には10%の税率がかかります。

本章では、RCTが使えない場合の自然実験手法の2つ目として「**集積分析**」という手法について説明します。

世の中には、何らかのインセンティブ（商品の価格や割引、所得税などの税金、政府からの補助金）が階段状になっていることがよくあります。例えば、日本の所得税率は、収入が高くなるほど階段状に上がっていく仕組みになっています（図表4-1）。

こういった階段状の変化を利用してデータから因果関係を明らかにできないかと考えるのが、本章で紹介する集積分析（Bunching Analysis）という手法です。

カリフォルニア大学バークレー校のエマニュエル・サエズ（Emmanuel Saez）教授が自身の博士論文で提示した手法で（Saez, 1999, 2010）、近年、多くのデータ分析例で用いられるようになってきています。

さて、分析方法のイメージを掴むため、前章と同様にまずは具体例から入ってみましょう。

自動車に対する燃費規制は、車のサイズが大きくなるほど緩くなっている？

地球温暖化対策の一つとして、多くの国では自動車に対する燃費規制が行われています。燃費規制では、燃費の目標値を設け、その値を超える自動車に補助金を与えたり、または、その値を下回る自動車を販売する企業に罰金が科せられたりします。

さて、各国の燃費規制を見てみると、興味深いことが行われていることがわかります。

例えば図表4－2は、2012年度に改訂されたアメリカの燃費規制（CAFEスタンダードと呼ばれる規制）をグラフ化したものです。グラフからわかるように、アメリカの燃費規制では、「自動車のfootprint（面積）が増えるほど燃費規制値が緩くなる」という方式が採用されています。つまり、面積の小さい車ほど要求される燃費規制値が高く、面積の大き

図表4-2 アメリカの自動車燃費規制

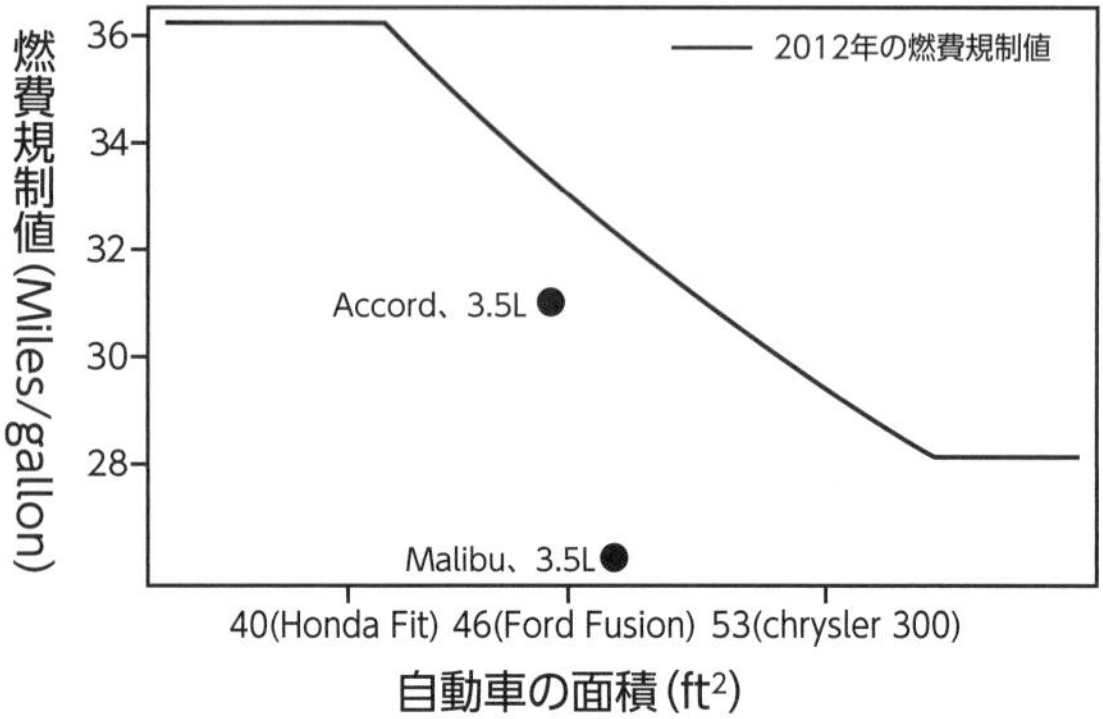

アメリカの燃費規制では、自動車の「面積」が大きいほど、要求される燃費規制値が緩くなっている。

出典:Ito and Sallee(forthcoming)のグラフをもとに著者が作成。

い車ほど要求される規制値が緩いということです。

もちろん政策担当者が目指しているのは、それぞれの自動車で燃費を向上させることです。つまり、グラフ上で言えば、それぞれの車が「上に移動してくれること」です。

しかし、ちょっとここで考えてみてください。それぞれの自動車は「上に移動すること」もできますが、グラフ上で「右に移動すること」もできます。つまり、燃費を向上せずとも「車のサイズを大きくすること」で規制をクリアできてしまう可能性があるのです。

経済学の理論で考えると、こういった企業行動が予測できるのですが、実際に燃費政策が車のサイズを大きくする要因となるなどということが起こるのでしょうか？　また、もしそうだとしても、データ分析から、本当に燃費政策（X）が車のサイズ（Y）に影響を与えた、という因果関係を示すことはできるのでしょうか？

階段状のインセンティブを与えている日本の燃費政策に着目

この問いに答えるため、著者とカリフォルニア大学バークレー校のジェイムズ・サリー助教授（James Sallee）は、日本の燃費政策に着目しました（Ito and Sallee, forthcoming）。

日本に着目した１つ目の理由は、日本ではアメリカに先駆けて１９７０年代から同様の政策を導入していたため、長年にわたるデータが存在していたという点です。２点目の理由は、図表４‐３に示す日本の燃費政策の「階段状のインセンティブ」を生かしたデータ分析ができると考えたからです。

日本の燃費政策の図はアメリカの燃費政策の図によく似ていますが、２つの違いがあります。１つ目は、横軸が「自動車の重量」になっていることです。つまり、軽い車ほど厳しい規制値が要求され、重い車ほど緩い規制値が要求されます。２点目は、日本の政策では規制

図表4-3 日本の燃費規制

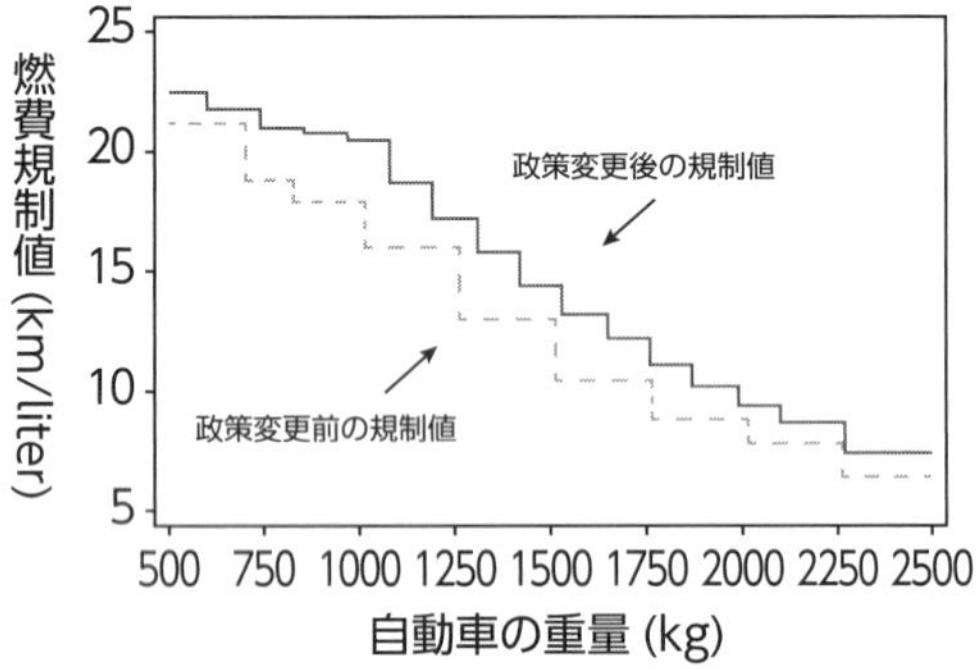

日本の燃費規制では、自動車の重量が重いほど、要求される燃費規制値が緩くなっている。

出典：Ito and Sallee(forthcoming)のグラフをもとに著者が作成。

値の変化が「階段状」になっていることです。

実は、階段状になっている日本の政策は、自動車会社の企業行動を分析する上で大きく役立ちます。例えばある車が、図の規制値線の平らな部分にいるとします。すると、少し重量を重くすると、1つ右の規制カテゴリーに移動できることがわかります。そのため、規制値が変わる点（次の階段の左端）まで重量を上げるメリットがあるかもしれないのです。

もしも企業がこのような燃費政策のインセンティブ（誘因）に反応し、実際に車両重量を上げていたとすると、市場に出回っている自動車のヒストグラム（度数分布図）を描いた際に、インセンティブに反応している車が「規制の境界点の右側」に集まっていることが予測されるのです。

ヒストグラムを描くだけで明らかにできる企業行動

その仮説を確かめるため、著者たちは国土交通省が公開している「自動車燃費一覧」というデータを分析しました。その結果が図表４‐４に示したヒストグラム（分布図）です。

図表４‐４では、２００１年から２００８年に販売された自動車のヒストグラム（①）と、２００９年から２０１３年に販売された自動車のヒストグラム（②）を描いています。

理論的予測の通り、多くの車が規制の境界点の右側に集まっていることが観測できます。つまり、燃費規制値が重量によって緩くなるという点を企業はしっかり見ており、そのインセンティブに従って自動車の重量を重くした、ということがデータから示されたわけです。

さらに、政策変更の前後の分布の変化を見ると、より説得力のある結果が出ていることがわかります。政策変更によって階段の形状が変化したわけですが、分布が集積する地点を見ると、その政策変更に応じて動いています。これは自動車会社が、規制によって作られたイ

図表4-4 ①2001年から2008年までの燃費規制値と自動車の分布

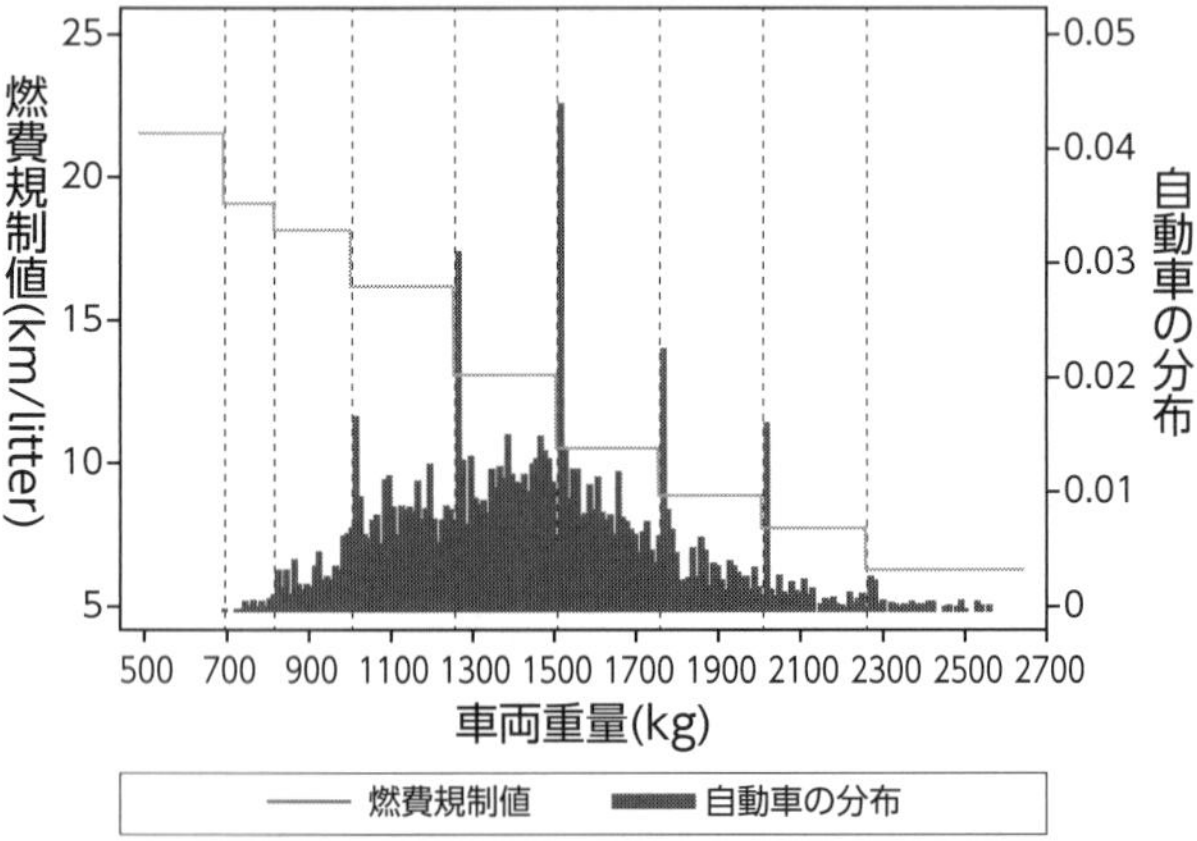

②2009年から2013年までの燃費規制値と自動車の分布

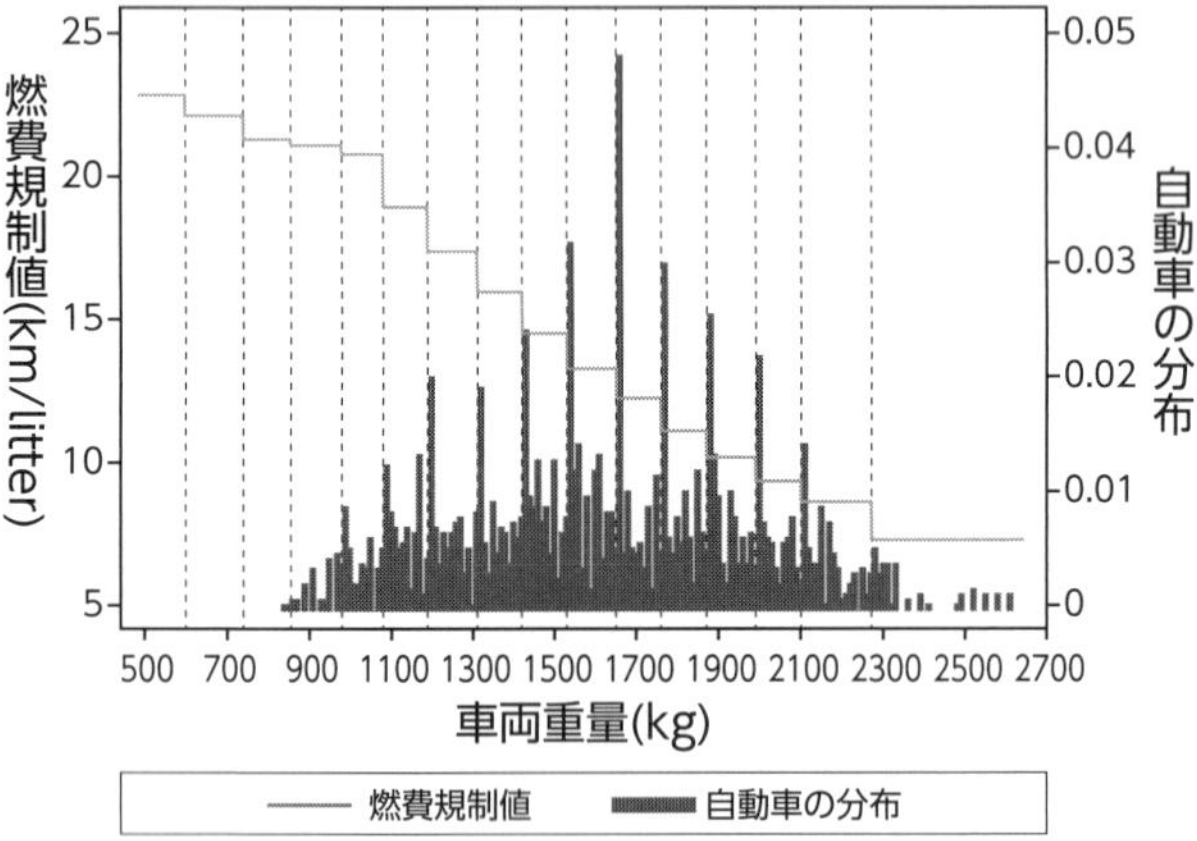

出典:Ito and Sallee (forthcoming)のグラフをもとに著者が作成。

ンセンティブに合理的に反応していたことを、データ分析が示しているということです。

集積分析とRDデザインの違い

集積分析で明らかにできる「因果関係」は、RDデザインの場合と大きく異なります。この違いは大切なので、ここで解説したいと思います。

RDデザインでは、対象となる主体はグラフの横軸の変数を操作できないことを仮定していました。例えば、第3章で扱った医療費自己負担額の例を思い出してください。横軸は患者の年齢でした。医療サービスを受ける際に年齢を偽ることはできないことを考えると、この例では「患者はグラフの横軸の変数である年齢を操作できない」という仮定が成り立っています。

一方、集積分析は、むしろその逆で「対象となる主体がグラフの横軸の変数を操作できる状況」に適用されます。自動車の重量の例では、対象となる主体は自動車会社が製造する自動車であり、グラフの横軸の変数は自動車の重量でした。私たちが見たいのは、燃費政策で作られたインセンティブに反応して、自動車の重量がどのように変わるか、という問題です。

つまり、横軸の変数の動きそのものに関心があるのが集積分析なのです。この点が、「横軸の変数は操作できない」状況に利用されるＲＤ分析とは大きく異なります。

集積分析の基本的な考え方

集積分析における統計分析手法を正確に記載するには数学的な表現が必要なのですが、ここでは直感で掴んでいただくために、グラフを使った簡易な説明を試みます。若干正確さを欠く記述を含む形になってしまう可能性もあるのでご留意ください。正確で詳細な分析方法の解説に関心のある方は、Ito and Sallee (forthcoming) や Kleven(2016) を参考にしてください。

実際の日本の燃費規制は階段が何段もあるような形状になっていますが、ここでは説明を簡易にするため、階段が2段しかない仮想の燃費政策を考えてみたいと思います。ある重量までは燃費規制が厳しく、その重量を超えた場合は燃費規制が緩くなるというシンプルな政策を考えてみてください。すると、燃費規制値は図表４－５で示したような2段階の階段状になります。

図表４‐６に、集積分析の考え方を示しました。

まず、点線で描かれた自動車の分布を見てください。この分布は「もしも燃費規制が階段状に変化するものではなかった場合」の自動車分布です。階段状に変わるインセンティブが存在しないため、分布には集積がなく、滑らかになっていると考えられます。ただし、この点線の分布はあくまで仮定として成立するもので、通常はデータから観測できません。この点については次節で説明を加えます。

次に、実線で書かれた自動車の分布を見てください。こちらが実際にデータから観測できる分布、つまり「燃費規制が階段状に変わる場合の」自動車分布です。グラフの左側に位置する自動車は、重量を重くして右側の重量カテゴリーに移ることで燃費規制を緩めることができます。よって、そのような重量増が利益に資すると判断された自動車は、もともとの重量から集積が起きる地点まで、重量を増加させるインセンティブがあります。

よって、規制が変わる地点で集積しているデータの大きさ自体が「重量ごとに規制値が変わる燃費規制に反応して重量を上げた自動車の数」を示しているのです。また、集積している車が分布の左側のどの辺りからやってきたかを統計的推定によって求めるか、何らかの仮定を置くことで「平均的にはどの程度の重量増が起こったのか」を測定することができるの

図表4-5 2段階状の燃費規制政策

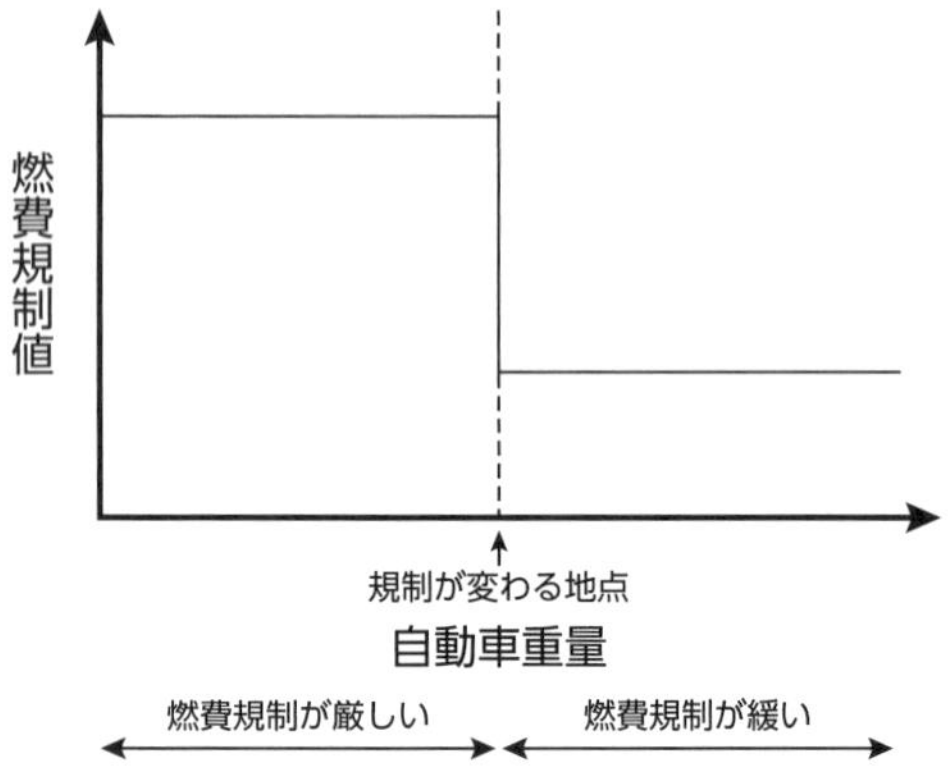

図表4-6 集積分析の考え方

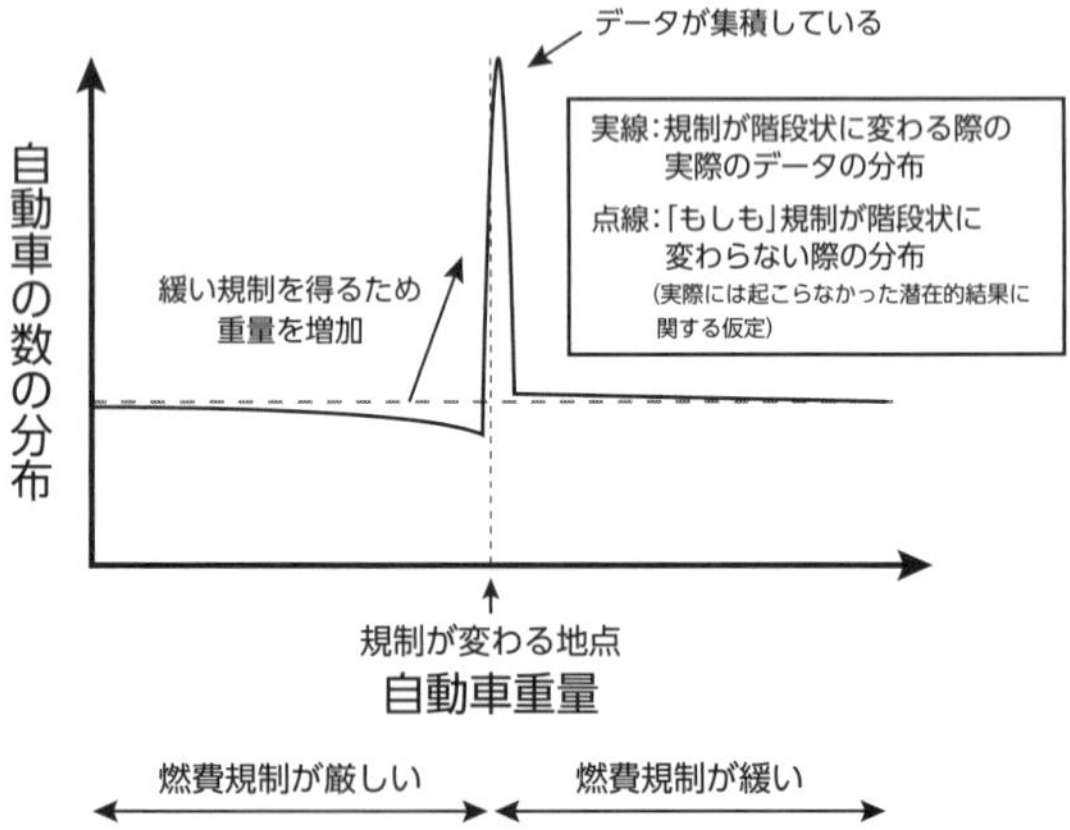

です。

第１章からの言い方を使えば、集積分析を行うことで、重量ごとに規制値が変わる燃費規制（X）が自動車の重量（Y）にどのような影響を及ぼすか、という因果関係が解明できるということになります。

集積分析の仮定

ここでは集積分析で必要となる仮定について説明しましょう。

集積分析の仮定

もしも燃費規制値（X）が階段状に変わらない場合、自動車の重量（Y）の分布は図表４‐６の点線で示したように滑らか（連続的）であり、集積することはない

RDデザインの仮定と同様、この集積分析の仮定も完全に立証することはできません。なぜなら、現実の世界では「重量に応じて階段状に変化する燃費規制」が存在しているため、「その規制がなかったら」というデータは前章までの説明で述べてきたのと同様「実際には起こらなかった潜在的結果」であり、世の中に存在しないためです。

そのため、データ分析者としてできることは、前記の仮定が成立するであろうという証拠をできる限り並べていくことです。例えば、自動車燃費の分析例では、図表4－4で示したデータの分布を見ることで、以下の3点が言えます。

1点目は、燃費規制値が変化する境界点以外の場所では、自動車重量の分布は全体的に滑らかであるということです。もしも分布が様々な場所で滑らかではない場合、燃費規制値が変化する境界点で起きている集積は燃費規制値以外の要因によるものだったのではないか、という批判が成り立ちます。グラフから見て取れるように、集積が起きているのは燃費規制値が変化する境界点だけのため、これらの集積が偶然であったり他の要因によるものであるとは考えにくいと言えます。

2点目は、燃費規制値が変化する境界点の重量は、燃費規制政策特有のものであるという点です。例えば、仮に同じ境界点で自動車保有にかかる自動車取得税も非連続的に変化するとしましょう。すると、集積の原因が燃費規制への反応だったのか、それとも税金への反応だったのかの判別がつきません。しかし、この境界点は燃費規制政策特有のものであり、他の政策とは関係がないので以上のような懸念は払拭できます。

３点目は、図表４－４の上下のヒストグラムの比較でわかるように、燃費規制値の政策変更に応じて、集積の位置が綺麗に変化していることです。この２つのヒストグラムは、データが偶然に燃費規制境界点で集積していたわけではないだろう、という追加的な証拠を提示していると言えます。また、規制変更前のグラフでは、規制変更後の境界点における分布が滑らかになっていることがわかります。

これらの情報から、集積分析に必要となる仮定は成立している可能性が高いと言えます。しかし、繰り返しになりますが、ＲＤデザインの仮定と同様、この集積分析の仮定も完全に立証することはできません。前章でも強調したように、この点がＲＣＴと自然実験の大きな違いです。

集積分析の結果：燃費規制は平均で１１０kgの重量増をもたらした

著者とサリー助教授は、以上で説明した集積分析を行い、車両重量に基づく燃費規制政策が車の重さに与えた影響について分析しました。まず図表４‐４で示したように「どれだけの数の車が境界点上に集積しているのか」という推定を行い、その数値から、それぞれの境界地点ではこの政策による影響で車両重量がどれほど増やされているのかを計算しました。

その結果、市場における約10％の車に対して、平均的に１１０kgの重量増加が起こったことがわかりました。

では、予期せぬ政策効果として起こった重量増加は、社会的にはどのような影響があったと解釈できるでしょうか？

車両重量増加の社会的費用は3点にまとめられます。

1点目は、想定されていなかった重量の増加という現象が起こったために、燃費向上に関して当初予想していたほどの政策効果が出なかった、という点です。自動車の燃費は、技術的な理由により車両重量が重くなるほど落ちてしまいます。皮肉なことに、燃費向上政策が重量を上げるインセンティブを作り出してしまい、燃費向上を押し下げてしまったわけです。

こういった「意図していなかった結果（unintended consequence）」が起こってしまったことをデータによって示すことは、将来の政策デザインを考える上で非常に重要なことと言えます。

２点目は、規制の影響により、実際の重量が「市場で決まる適切な重量」から乖離することです。すると、経済学用語で死荷重と呼ばれる社会にとっての非効率性が発生することになります。

３点目は、重量増加によって、事故時の安全性が損なわれることです。自動車の重量が増加すると、その自動車自身の安全性は増すものの、相手車両や対人の事故死亡率を統計的に有意に高めてしまうことが、最新の経済学研究で明らかになってきています（Anderson and Auffhammer, 2014）。

私たちの論文では、集積分析で得られた結果をもとに、以上の３つの社会的費用についての計算を行いました。試算では、３点目の安全性に関する社会的費用の損失だけでも、日本の自動車市場全体で年間約１０００億円の社会的損失になっていることがわかりました。

集積分析の強みと弱みは？

では、最良の方法であるＲＣＴと比較すると、集積分析の強みと弱みとはどのような点なのでしょうか？　この点に関しては、ＲＤデザインの強みと弱みと共通する部分が多数あります。

まずは集積分析の弱みとして認識が必要なのは、この方法で推定できる因果関係は、あくまでも「境界点付近にいて階段状のインセンティブから影響を受けた主体」に関しての因果関係であるということです。

例えば、図表４‐５で例示した仮想的な2段階上の燃費規制政策を考えてみましょう。この仮想的でシンプルな政策に関する集積分析で明らかにできる因果関係は、あくまでも規制が変わる地点の左側に存在した自動車に対しての因果関係だけです。例えば、データ分析者の本当の関心は、非常に重量の重い車（グラフの右側に位置する車）にあったとしましょう。残念ながら、この集積分析からはグラフの右側に位置する自動車への因果関係はわかりません。

この点に関しては、図表４‐４で示した実際の日本の燃費規制に対する集積分析のほうが優れていると言えます。なぜなら、階段状のインセンティブが車両重量の様々な部分に存在するため、重量が軽い車、平均的な車、重い車の全てに対してこの規制の影響を調べることができるからです。

一方、ＲＤデザインと同様、集積分析の大きな強みは、ＲＣＴを実施しないにもかかわらずＲＣＴに近い状況を作り出せる点です。さらに、集積分析を使える状況は、世の中の色々なところに存在します。ここで見たのは、「階段状の燃費規制政策」という例でした。しかし、燃費規制政策は単に一つの例であり、集積分析を適用できるケースは色々と考えられます。

次の例では、「階段状の所得税率を利用する」という集積分析を見てみましょう。

集積分析の例：所得税の税率が働き方に影響を与えるか？

集積分析のもう一つの応用例として、スタンフォード大学のラジ・チェティ教授（Raj Chetty）らが行った、所得税と労働供給の因果関係分析を紹介します（Chetty, Friedman, Olsen, and Pistaferri, 2011）。

図表4-7で示したように、デンマークは日本と同様、所得税に対して累進課税制度を採用しています。つまり、所得が一定程度を超えると、限界税率(収入1単位に対して支払う税率)が高くなる仕組みです。2000年時点のデンマークの所得税率は、所得がAの地点よりも低ければ約45%、所得がAからBの間ならば約56%、所得がBよりも高ければ約63%となっています。

公共経済学と労働経済学という経済学の分野で長らく研究されてきた重要な問いは、所得税を高くすると、人々の労働意欲を削《そ》いでしまい、労働供給が過小になるのではないかという懸念です。そのため、「所得税率(X)が労働時間や労働所得(Y)にどのような影響を及ぼすのか」という点は、政策担当者が税率を決定する上で非常に重要です。

チェティ教授らは、階段状になっている所得税率を利用してデータ分析ができないか、と考えました。もしも納税者が限界税率の上がる地点を把握しており、税率が労働意欲を削ぐ効果を持っていれば、限界税率が上がる境界点にデータの集積が起こるはずだからです。

この分析のため、教授らはデンマーク政府統計局が保管する全人口の納税データを利用しました。デンマーク統計局が提供したデータは1994年から2001年の納税データの99%で、データ数で言うと、約3000万という観測数になります。

図表4-7　2000年時点でのデンマークの限界所得税率

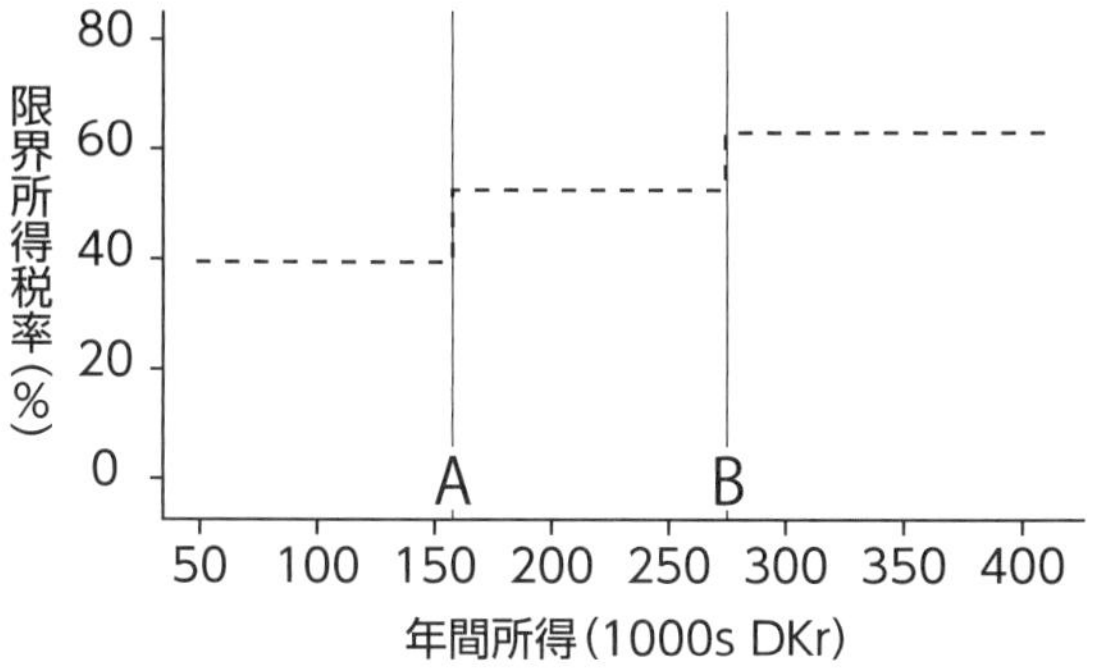

出典：Chetty,Friedman,Olsen, and Pistaferri(2011)のグラフをもとに著者が作成。

残念ながら日本は政府統計の利用については欧米諸国に後れをとっており、現在のところ、多くのデータが有効に利用されているとは言えません。この研究の例からわかるように、デンマークを始めとする他国では、厳重なデータ管理のもと、政策に役立つ研究目的に限って研究者にデータ分析をさせる取り組みが始まっています。こういった政府統計の利用も、情報通信革命の一環と言えます。

まずは、「自営業者を除いた給与所得者のみ」の図表４‐８を見てください。横軸は、限界税率が最大に上がる境界点をゼロとした所得の額を示しています。縦軸はヒストグラム（度数分布）です。図を見ると、

図表4-8 自営業者を除いた、給与所得者の所得分布

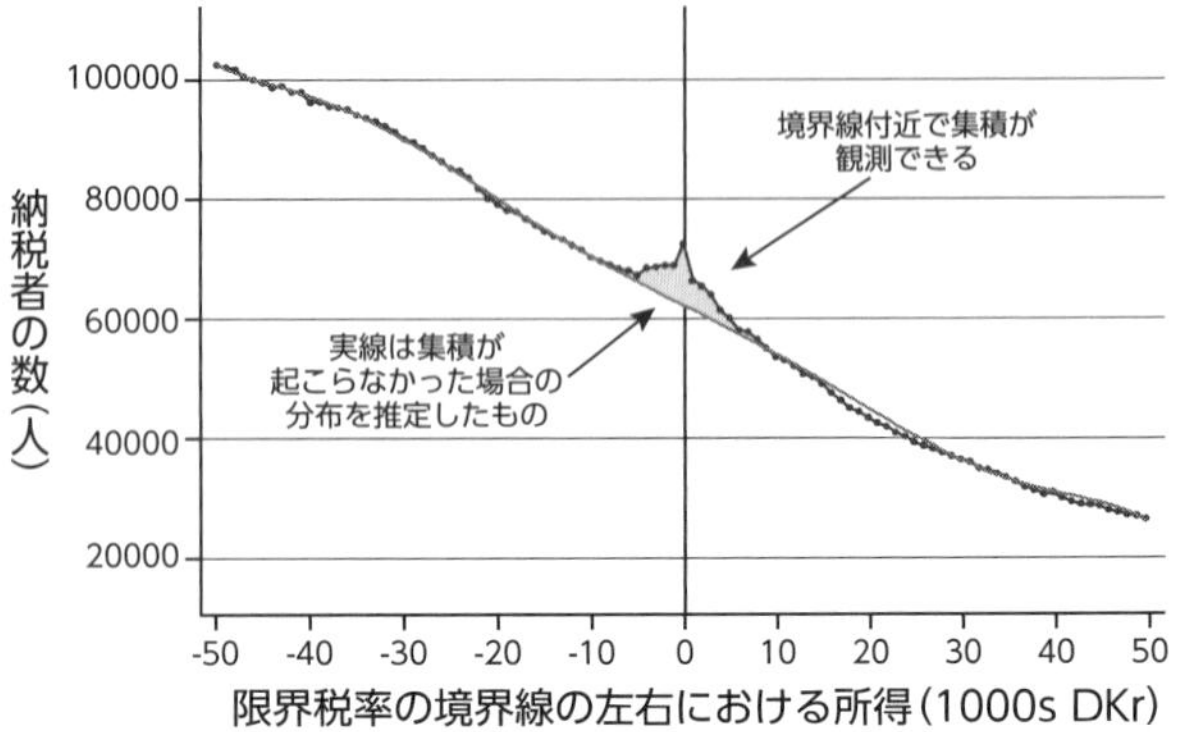

出典：Chetty,Friedman,Olsen, and Pistaferri(2011)の
グラフをもとに著者が作成。

図表4-9 教師の所得分布と軍人の所得分布の比較

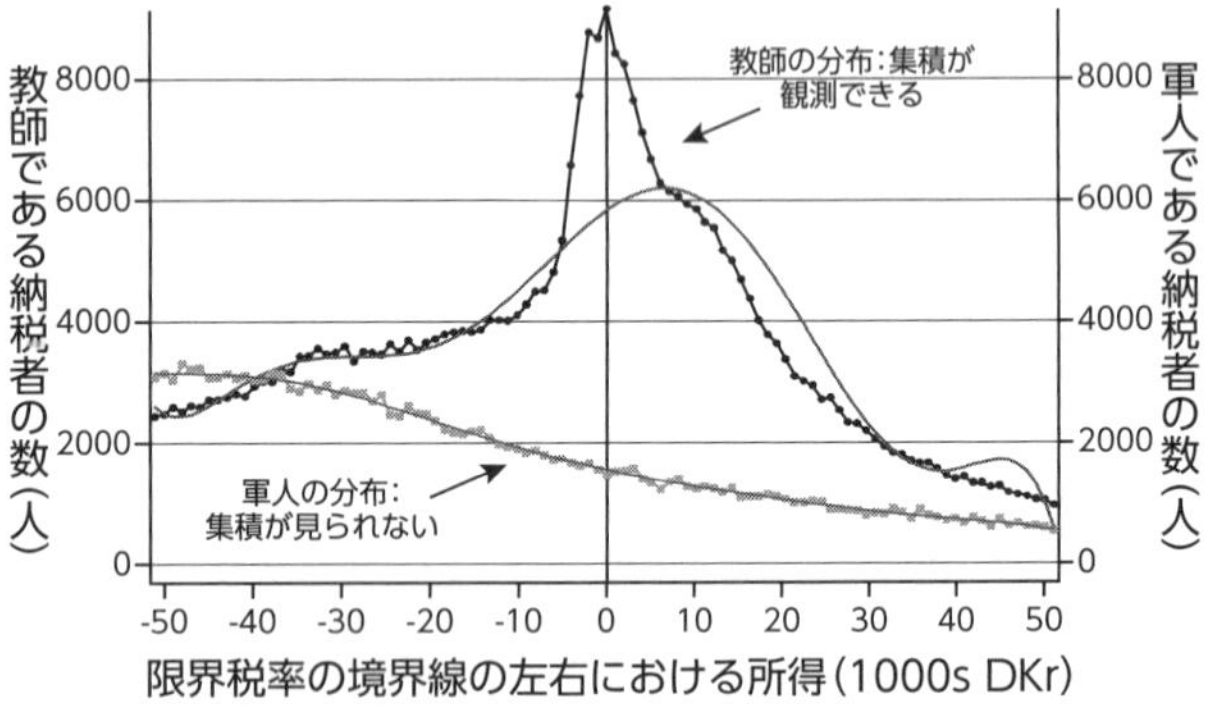

出典：Chetty,Friedman,Olsen, and Pistaferri(2011)の
グラフをもとに著者が作成。

図表4-10 自営業者の所得分布

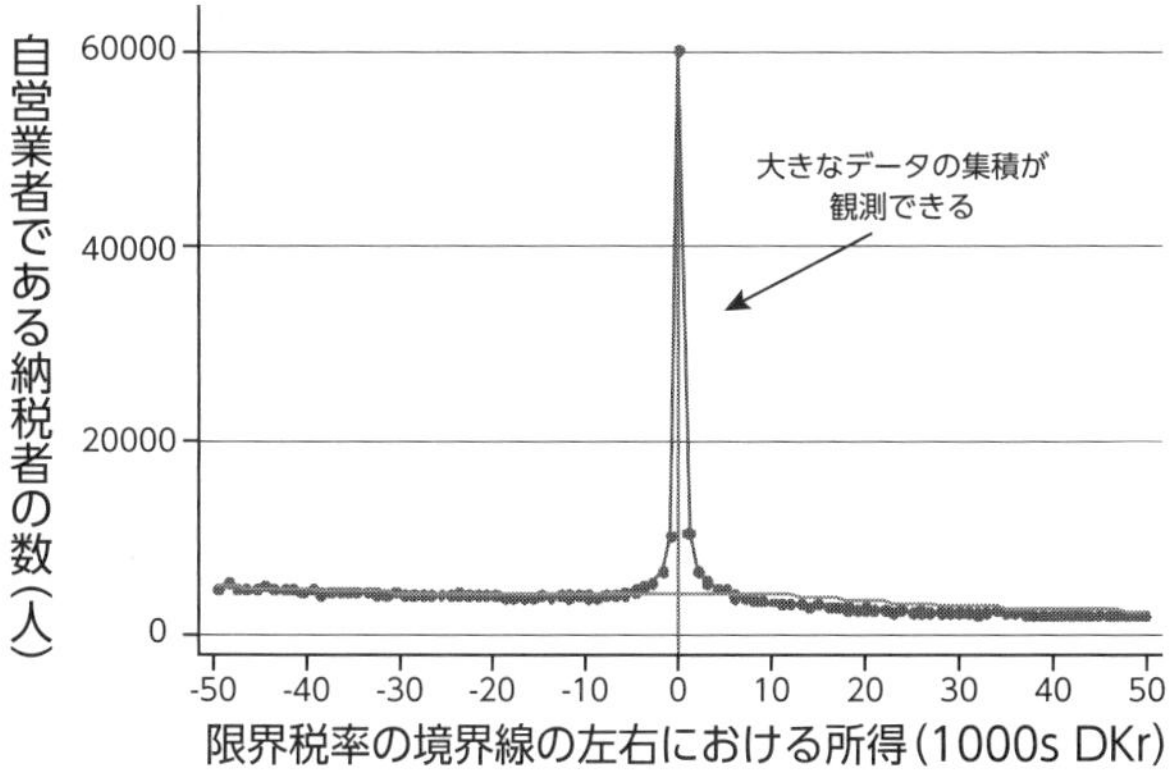

出典：Chetty,Friedman,Olsen, and Pistaferri(2011)の
グラフをもとに著者が作成。

境界線周辺で集積が起こっていることがわかります。

完全に合理的な行動を考えるならば、集積は限界税率が低い地点である、境界線の左側だけに集中するはずです。しかしながら、給与所得者の場合、労働所得を１００％柔軟に変化させることはできないので、集積は境界線付近で左右に広がりのある形になると教授らは議論しています。

さらに興味深い分析結果として、教授らは職種による比較をしています。学校の先生と軍隊の職員の比較をした図表４－９を見てください。

学校の先生の給料は、教職員組合のような組織と学校側の交渉で決まっており、教職員組合は限界税率が変わる地点をよく知っています。そのため、大きな集積が境界線周辺で見られます。ところが、軍隊の職員を見ると、集積が全くありません。これは軍隊の場合、給与が固定的であり、また柔軟に労働時間を変えて給与所得を変更することができないためと考えられます。

最後に、自営業者に絞って集積分析をしたのが図表4‐10です。

自営業者は綺麗に境界線上（厳密には境界線の左）に集中していることがわかります。これは、自営業者は非常に柔軟に労働時間を調整できるためとも考えられますし、単純に収入の数字を変更して、節税対策をしていることが原因とも考えられます。

論文では、このヒストグラム分析をもとに、「所得税率（X）が労働所得（Y）にどのような影響を及ぼすのか」という統計分析を行っています。その結果、データから観測される「所得税率に対しての所得弾力性（税率が1％変わると所得が何％変化するかという値）」は給与所得者に関しては0・02、自営業者に関しては0・24であったと結論づけています。いずれの数字も、これまで経済学者や政策担当者が想定してきた弾力性よりも小さいものでした。

著者らは「納税者が所得税率に対して合理的に反応をしようと考えても、少なくともデンマークにおいては、就業時間や収入を変更するには大きな調整費用（adjustment cost）がかかる。そのため、経済学の単純な理論が想定するほど、所得税への反応は起こっていないのではないか」と議論しています。この点に関する議論は現在も続いています。しかし、この研究は非常に詳細な納税者のデータと集積分析によって説得力のある分析結果を導き、世界中の税制当局の政策形成に大きな影響を与えたデータ分析の例であると言えます。

第4章のまとめ

・本章で紹介した「集積分析」とは、階段状の変化を上手く使い因果関係に迫る手法である
・集積分析の鉄則1：何らかのインセンティブ（商品の価格や割引、所得税などの税金、政府からの補助金など）が階段状であることを分析に利用できないか検討する
・集積分析の鉄則2：階段状で変化するのは分析で明らかにしたい要素（X）だけ

であり、他の要素は階段の境界点付近で非連続的に変化しないことを確かめる
・集積分析の鉄則3：インセンティブが大きく変わる境界点でのデータの集積を分析することで、人々や企業がインセンティブの変化に反応した因果関係を検証する
・集積分析の強み1：分析に必要な仮定が成り立てば、境界線付近であたかもRCTが起こったかのような状況を利用できる
・集積分析の強み2：図を用いて結果をビジュアルに示せることで、分析者以外にも透明性のある分析ができる
・集積分析の強み3：「階段状にインセンティブが変化する状況」はビジネスや政策の様々な場所・場面に存在するため、RCTが実施できない際に有効な分析手法の一つである
・集積分析の弱み1：分析上の仮定は、成り立つであろう根拠を示すことはできるが立証はできず、この点はRCTに比べて大きな弱点と言える
・集積分析の弱み2：あくまでも階段状に変化するインセンティブに反応した主体（集積をした主体）に対しての因果関係しか分析できない。そのため、実験参加

者全てに対しての因果関係を分析できるＲＣＴに比べて有用性に欠ける場合がある

第5章　「複数期間のデータ」を生かすパネル・データ分析

第3章と4章で解説した2つの方法は、自然実験を用いた手法の中でも非常にパワフルな手法です。しかし、適切な境界線のようなものが存在しない場合、この2つの手法は使えません。そこで、本章では、少し違った角度から攻める「**パネル・データ分析**」という手法を紹介します。

パネル・データとは、複数のグループに対し、複数期間のデータが手に入る場合のデータのことを示します。例えば、個人の毎月の電力消費量データが複数期間観測できる場合や、複数の企業の財務データが複数期間観測できる場合、または都道府県ごとの不動産データが数年にわたって観測できる場合などです。パネル・データ分析がどのような手法なのかというイメージを掴むため、具体例から入っていきましょう。

所得税の低い国に移住しますか？　所得税と移民行動の因果関係分析

世界の色々な国を見渡すと、所得税率が非常に異なることがわかります。特に、資産家や企業経営者、スポーツ選手といった超高額所得者に対して高い所得税を課すか、それとも平均的な所得の人とあまり変わらない税を課すかは、国や州によって考え方も政策も異なります。

こういった所得税の違いは、他国へ移住するという移民行動にまで影響をするのでしょうか？ ヨーロッパなど、国と国との間を越えた移住が頻繁に行われている地域にとっては非常に重要な問題です。例えば、各国の税制当局が頭を悩ませるのは、高い所得税を課して税収を上げたいけれども、高い所得税を嫌う優秀な労働者が国外に出ていってしまうのは国益を損なうという悩みです。

ロンドン経済大学のヘンリック・クレベン教授（Henrick Kleven）、カミール・ランデ教授（Camille Landais）、カリフォルニア大学バークレー校のエマニュエル・サエズ教授らは、高所得層（実業家、弁護士、スポーツ選手など）の移民行動が、各国の所得税政策の影響を受けているか分析しました（Kleven, Landais, and Saez, 2013）。

確かに、高所得者の場合、所得税率が数十％違えば手取りが大きく変わります。しかしながら、果たして本当に「所得税率（X）が移民行動（Y）にまで影響を与える」ということが起こっているのでしょうか？

デンマークにおける個人レベルの納税データを用いた研究

この問いに答えるため、クレベン教授らはデンマークで行われた税制改革に着目しました。デンマークでは1991年に税制改革があり、年間所得が10万3000クローネ（約1200万円）を超える外国人労働者の所得税が、以前に比べて大幅に低くなりました。政府はこの新しい政策によって、優秀な外国人労働者を国内に呼び込もうとしたのです。一方、年間所得が10万3000クローネ未満の外国人に対する所得税の変更はありませんでした。

クレベン教授らのアイディアは、この政策変更の影響を受けた外国人労働者（年間所得が約1200万円以上の労働者）を介入グループと考え、政策変更の影響を受けなかった外国人労働者（年間所得が約1200万円未満の労働者）を比較グループと考えることで、政策の効果を分析できないか、というものでした。

この分析を行うため、クレベン教授らはデンマーク政府が持つ全国民と移民の納税データを分析しました。このデータは、1980年以降の全国民の納税データの個票（各個人レベルのデータ）であり、非常に詳細な情報を含んでいます。

さて、この納税データを用いて作成されたグラフの一つが図表5-1です。

図表5-1　外国人労働者の数の伸び（1980年を基準として）

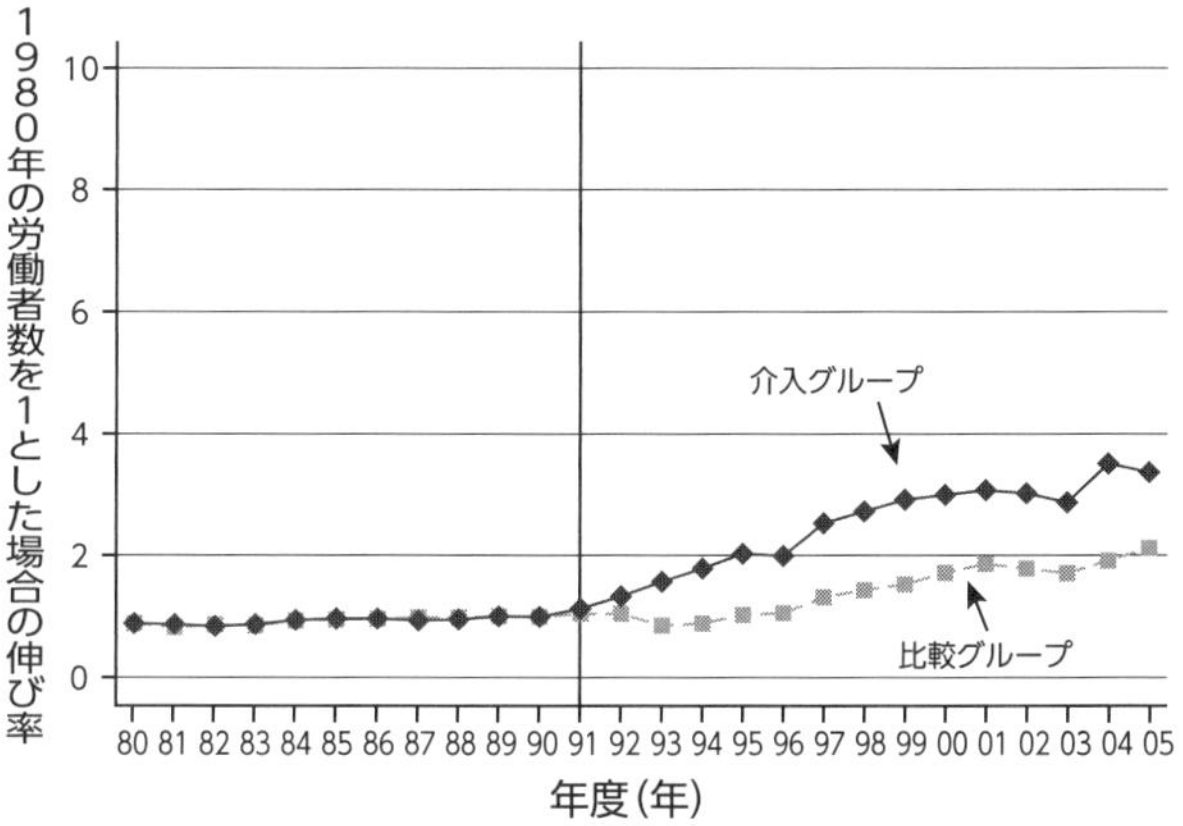

出典：Kleven, Landais, and Saez(2013)のグラフをもとに著者が作成。

このグラフでは、年間所得が約１２００万円以上の外国人労働者を介入グループ、年間所得が約１２００万円に若干届かない外国人労働者を比較グループと定義しています。そして、それぞれのグループに対して、１９８０年と比較して移民の数がどのような伸びを見せたかを図示しています。

例えば、１９８０年から１９９０年にかけては両方のグループとも伸び率が１に近いですが、これはどちらのグループにおいても移民の数が１９８０年に比べてあまり変わらなかったことを示しています。

一方、１９９１年を境に２つのグループの動きに差が出ていることがわかります。

先述したように、デンマークでは１９９１

年の税制改革により、年間所得が約１２００万円を超える外国人労働者の所得税が以前に比べて大幅に低くなりました。一方、年間所得が１２００万円未満の外国人に対しての所得税は変更がありませんでした。この政策が導入された１９９１年を境に、介入グループの移民数の伸びが、比較グループと比較して大きく伸びています。介入グループを見ると、１９９５年時点では、１９８０年と比べて2倍の移民数になり、２００５年には4倍近くになっていることがわかります。

さて、以上の分析を根拠に「所得税率が移民行動に影響を及ぼした」という因果関係を論じることはできるのでしょうか？　以下では、パネル・データ分析の基本的な考え方と、必要となる仮定について見ていきましょう。

パネル・データ分析の考え方

パネル・データ分析は、ＲＣＴが実施できない場合に用いられる自然実験手法の一つです。例えば政府が何らかの政策を行った際、もしくは企業が何らかの施策を行った際、その介入に影響を受けたグループと影響を受けなかったグループがいたとします。

先述の例では、税制改革という介入は年間所得が約１２００万円を超える外国人労働者だけに影響しました。別の例として考えられるのは、ある企業が特定の都道府県だけで新たな広告を出し、他の都道府県ではその広告を出さなかった場合です。また、ある政策が一部の地域だけで実施され、他の地域では実施されなかった、というのも良い例です。

こういった状況では、ＲＣＴのようにデータ分析者が実験を行ったわけではないにせよ、介入グループと比較グループが自然に形成された形になります。さらに、この２つのグループに対して、介入が導入された前後のデータがあれば、かなり説得力のある因果関係分析ができるのではないか、というのがパネル・データ分析の基本的な考え方です。

パネル・データ分析についてもう少し深い理解をするため、図表５‐２をご覧ください。ここで、第２章で用いた定義と同様に、介入グループの結果の平均値をY_T、比較グループの結果の平均値をY_Cと書くことにしましょう。そして、介入が開始された１９９１年の前後で複数期間のデータが収集できるとします。図表５‐２ではY_CとY_Tの年次推移を図示しています。

この図に見られるように、もしも２つのグループが１９９１年以前は同じようなデータの動きを見せていたのに、１９９１年以降にそれ以前とは非常に違った動きを見せた場合、こ

図表5-2 パネル・データ分析の考え方

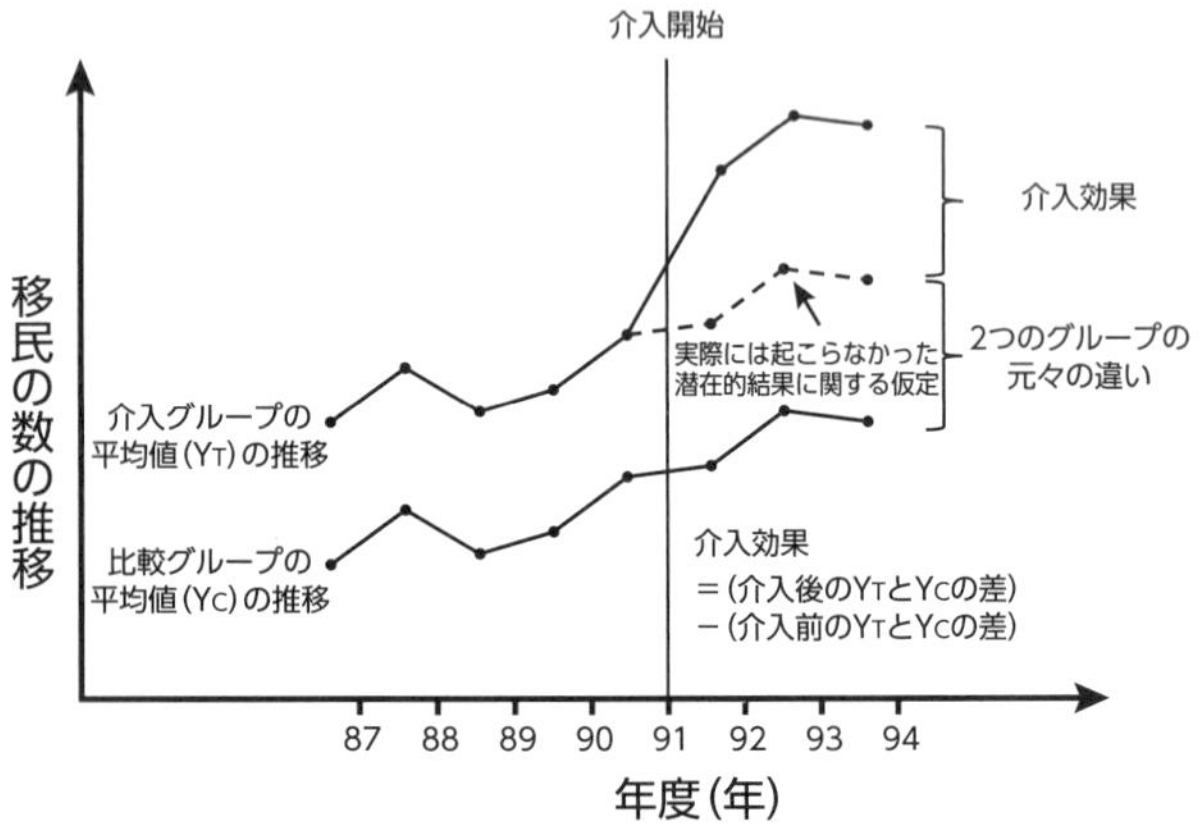

れは1991年の税制改革（X）が移民の数の推移（Y）に影響したのではないか、と因果関係を主張することができるかもしれない、というのがパネル・データ分析の基本的な考え方です。

では、図表5-2において「介入効果」はどのように計算することができるでしょうか？

まずは、介入が開始された後のY_CとY_Tを見てください。ここでは、Y_TのほうがY_Cよりも大きいことがわかります。しかし、介入開始以前においてもY_TはY_Cを上回っていました。パネル・データ分析では、「介入開始後のY_TとY_Cの差」から、「介入開始前のY_TとY_Cの差（介入開始以前から存在した

２つのグループの差)」を差し引くことで介入効果を求めます。

このことから、この分析方法は、**差分の差分法**（Difference in differences methods）と呼ばれることもあります。または、各グループにおいて時間に応じて変化しない固定的な効果を省くという意味で、**固定効果推定法**（Fixed effect estimation）と呼ばれることもあります。厳密に言うとそれぞれの手法に小さな違いはあるのですが、基本的な考え方は同様です。また統計学上では「ランダム効果推定」という手法も存在しますが、この手法は他のパネル・データ分析に比べて強い仮定が必要になるため近年使われることは稀になっています。そのため本書では、差分の差分法や固定効果推定法の考え方に基づいたパネル・データ分析の解説を行っていきます。

パネル・データ分析で必要となる「平行トレンドの仮定」

パネル・データ分析で必要となる仮定は、以下に述べる「**平行トレンドの仮定**（parallel trend assumption）」と呼ばれるものです。

パネル・データ分析の仮定

もしも介入が起こらなかった場合、介入グループの平均的結果（Y_T）と比較グループの平均的結果（Y_C）は平行に推移する（平行トレンドの仮定）

トレンド（trend）とはデータが時間軸に従ってどのような動きを見せるのかを意味します。そのため「平行トレンド」とは、時間を追ってデータの動きを見た場合、データの動きが2つのグループで平行になるということです。

図表5‐2では、平行トレンドの仮定が綺麗に成り立っている状況を描いています。点線で描いているのは、「もしも介入（X）が起こらなかった場合にY_Tがどのように動くのか」、というデータの動きです。しかし、RDデザインや集積分析の時と同様、点線で描かれている部分はあくまでも「介入が起こらなかった場合」という仮の世界の状況なので、現実にはデータとして観測不可能です（実際には起こらなかった潜在的結果）。そのため、平行トレンドの仮定をデータを用いて立証することはできず、データ分析者としてできることは、こ

の仮定が成立するであろうという証拠をできる限り並べていくことです。

平行トレンドの仮定について、データ分析者が提供できる２つの情報

「平行トレンドの仮定はおそらく成り立つ」という議論を展開するために、データ分析者が行うべき点が２つあります。

１点目は、介入が起こる以前の期間のデータを集め、介入開始前に介入グループと比較グループの間で平行トレンドの仮定が成り立っているか調べることです。

図表５‐１で示したクレベン教授らの研究や、図表５‐２で示したグラフでは、介入開始前に、介入グループと比較グループのデータで平行トレンドの仮定が成り立っていることがわかります。

もちろん、介入開始前にこの仮定が成り立っていたとしても、介入開始後に何かが起こり、仮定が崩れる可能性はあります。しかし、介入開始前に平行トレンドの仮定が成立していることは、「それ以降もこの仮定は成立しているのではないか」という情報を与えてくれます。

さて、介入開始前後のデータを集めた結果、データの動きが図表５‐３のようだった場合

図表5-3 平行トレンドの仮定が成立していないと思われる例

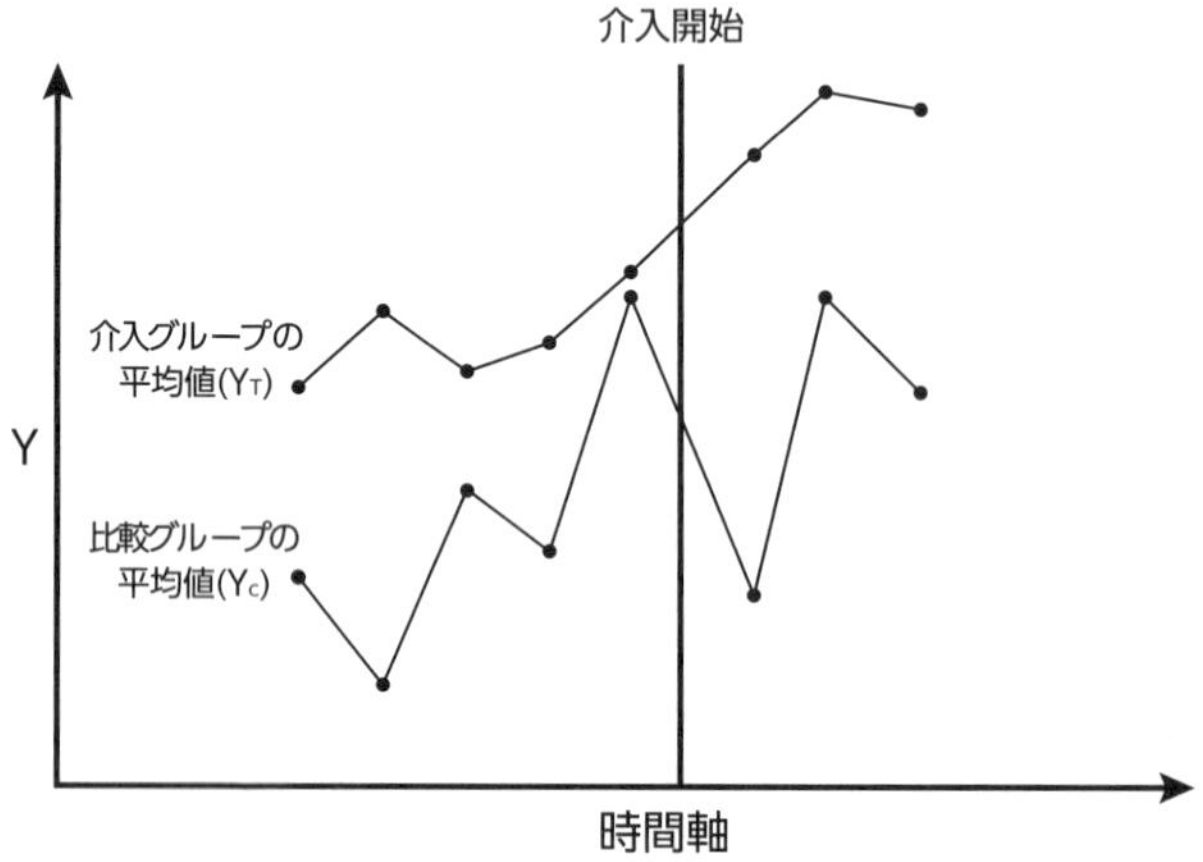

はどうでしょうか？

まず、このグラフでは、介入開始前の時期のデータで平行トレンドの仮定が成立していません。つまり、介入開始以前から介入グループと比較グループのデータが非常に違った動きをしています。すると、たとえ介入開始後に2つのグループの動きに差が出たとしても、これが介入効果の影響だったのか、それとも、もともと2つのグループが常に違う動きをしているだけだったのか、識別することができないのです。

ですから、介入開始前の平行トレンドの仮定を精査した結果、このようなグラフになった場合、残念ながら、説得力のあるパネル・データ分析を行うことは難しいと考えるしかありません。

データ分析者が行うべき2点目は、介入開始以降の時期に介入グループだけに影響を与えた別の出来事や事項がなかったのか、入念にチェックすることです。

クレベン教授たちの研究で言えば、１９９１年の税制改革と同時期に介入グループだけに影響を与える別の出来事や事項がないかを確認することです。

例えば、１９９１年以降、所得が１２００万円を超える人たちに対してイギリスが高額の所得税を導入したとしましょう（実際にそういったことはありません）。その場合、図表５－１で示した移民数の変化は、デンマークの税制改革の影響なのか、それともイギリスの税制改革の影響でお金持ちのイギリス人がデンマークへ移住したからかわからなくなってしまうのです。

ただし、もしもイギリスの税制改革が介入グループと比較グループの両方に、同じ程度で影響を与えた場合は分析上問題になりません。２つのグループに同じ程度で影響を与える要素を**共通ショック**（common shock）と呼びます。つまり、何らかのショックが起こったとしても、２つのグループに共通して起こるのであれば、問題にならないということです。しかしながら、例えばこのイギリス側の税制改革が「所得が１２００万円を超える人」を特別に対象としたものだった場合、クレベン教授らの分析における介入グループだけがこの影響を受けることになり、平行トレンドの仮定が崩れる可能性が出てくるのです。

平行トレンドの仮定が崩れるのはどのような場合か？

どのような場合に平行トレンドの仮定が崩れそうなのか、別の例を使って考えてみましょう。ここでは、第1章で扱ったアイスクリーム企業の新規広告（X）と売り上げ（Y）を考えてみます。

ある年、この企業は東京で新規広告を開始し、大阪では開始しなかったとしましょう。すると、東京を介入グループと定義し、大阪を比較グループと定義して、パネル・データ分析ができそうです。

この場合、平行トレンドの仮定が求めるのは、仮にこの年、東京で新規広告が開始されなかった場合、東京と大阪のアイスクリーム販売数のトレンド（推移）が平行に動く、ということです。

例えば、このアイスクリーム企業が新規広告と同時に東京だけで値下げキャンペーンを行ったとします。すると、平行トレンドの仮定はおそらく崩れます。なぜなら、値下げの影響により、東京と大阪のアイスクリーム販売数の推移は平行にはならないためです。

また、新規広告導入後に東京だけが猛暑に見舞われた場合はどうでしょうか？　これも平行トレンドの仮定を崩してしまう一例です。

では、新規広告導入後に、日本中が猛暑に見舞われた場合はどうでしょうか？　この場合「猛暑がアイスクリーム販売に及ぼす影響は日本各地で同様である」という仮定が成り立てば大丈夫です。先述したように、このような影響は2つのグループへの共通ショックです。懸念される影響が共通ショックである限りは平行トレンドの仮定は守られます。

パネル・データ分析の強みと弱み

パネル・データ分析の強みは、先述の平行トレンドの仮定が成り立つ限り、様々な状況に適用可能だということです。

いくつか例を考えてみましょう。

1つ目は、先ほどのアイスクリーム企業の広告の影響調査です。仮に、ある企業がある年を境に東京だけで広告を開始し、大阪では開始しなかったとします。東京と大阪のアイスクリーム販売数についてのデータが集まり、平行トレンドの仮定が成り立てば、広告（X）が販売数（Y）に及ぼした因果関係を分析することが可能です。

２つ目の例として、新たな学校教材（X）が子供の成績（Y）にどう影響するか、ということを考えてみましょう。仮に、ある年を境に小学校Aでは教材を導入し、小学校Bでは導入しなかったとします。両学校での成績のデータが集まり、平行トレンドの仮定が成り立てば、教材（X）が成績（Y）に及ぼした因果関係を分析することが可能です。

このように、パネル・データ分析は、応用可能な状況が多いという点が一番の魅力です。

２点目の魅力としては、平行トレンドの仮定が守られる限りは、介入グループと比較グループに「事前的な違い」が存在することも問題にならないということです。なぜなら、この分析では２つのグループの差の分析をするため、介入開始以前からある「もともとの差」を取り除くことができるためです。

図表５‐２で示した例では、介入開始以前から、介入グループの移民数（Y_T）が比較グループの移民数（Y_C）を上回っていました。この事前データを見ると、この２つのグループは異なるので因果関係の分析は難しい、という判断をしてしまいそうです。しかし、パネル・

データが収集でき、かつ平行トレンドの仮定さえ成り立つ状況であれば、こういったデータに対しても因果関係の分析を諦める必要はないのです。

3点目の魅力としては、パネル・データ分析で測定できる因果関係は、介入を受けた全ての主体の介入効果であるという点です。第3章と4章で述べた境界線を活用する手法は様々な利点があるものの、境界線周辺の主体のみに対しての介入効果しか分析できない、という弱点がありました。この点に関しては、パネル・データ分析に軍配が上がります。

パネル・データ分析の弱みは2点に集約されます。

1点目は、平行トレンドの仮定は、得ることが非常に難しく、多くの状況では残念ながら成り立たないということです。

弱みの2点目は、複数期間のデータを介入グループと比較グループの両方について収集する必要があるという点です。今日のようなビッグデータ社会では、この点は技術的に大きな障害ではなくなってきています。しかし、データ収集方法を設計する側の理解が浅い場合、介入グループのデータは収集しても、比較グループのデータ収集は行わない、もしくは両方のグループのデータを収集するが「介入開始後」のデータしか収集しない、ということが起こり得ます。このようなことはビジネス上のデータでも、政府系のデータでも頻繁に見受けられることです。

例えば、企業が広告を打った場合のデータや、政府が補助金政策を行った際のデータを考えてみてください。この場合、広告を受けなかった消費者、補助金を受けなかった世帯という比較グループのデータがパネル・データ分析には不可欠です。しかし、民間企業のデータ収集でも、政府機関のデータ収集でも、残念ながら比較グループのデータの収集を行わないということがよく見られます。さらに、パネル・データ分析においては、「介入開始前」についても広告や売り上げ、または補助金需給状況やその結果のデータが必要です。この意識が欠けている場合、介入後のデータしか存在せず、パネル・データ分析は実施できないということになってしまいます。

パネル・データ分析の例：バラマキの景気刺激策は駆け込み需要を増やしただけ？

パネル・データ分析の例を、もう一つ紹介したいと思います。

2008年にアメリカ政府は、世界恐慌に直面した景気を刺激するための政策として、低燃費車を高燃費車に買い替えたら約40万円の補助金を与えるという、ぽんこつ車買い替え支

図表5-4　2008年の同月と比較した際の自動車販売数の伸び率

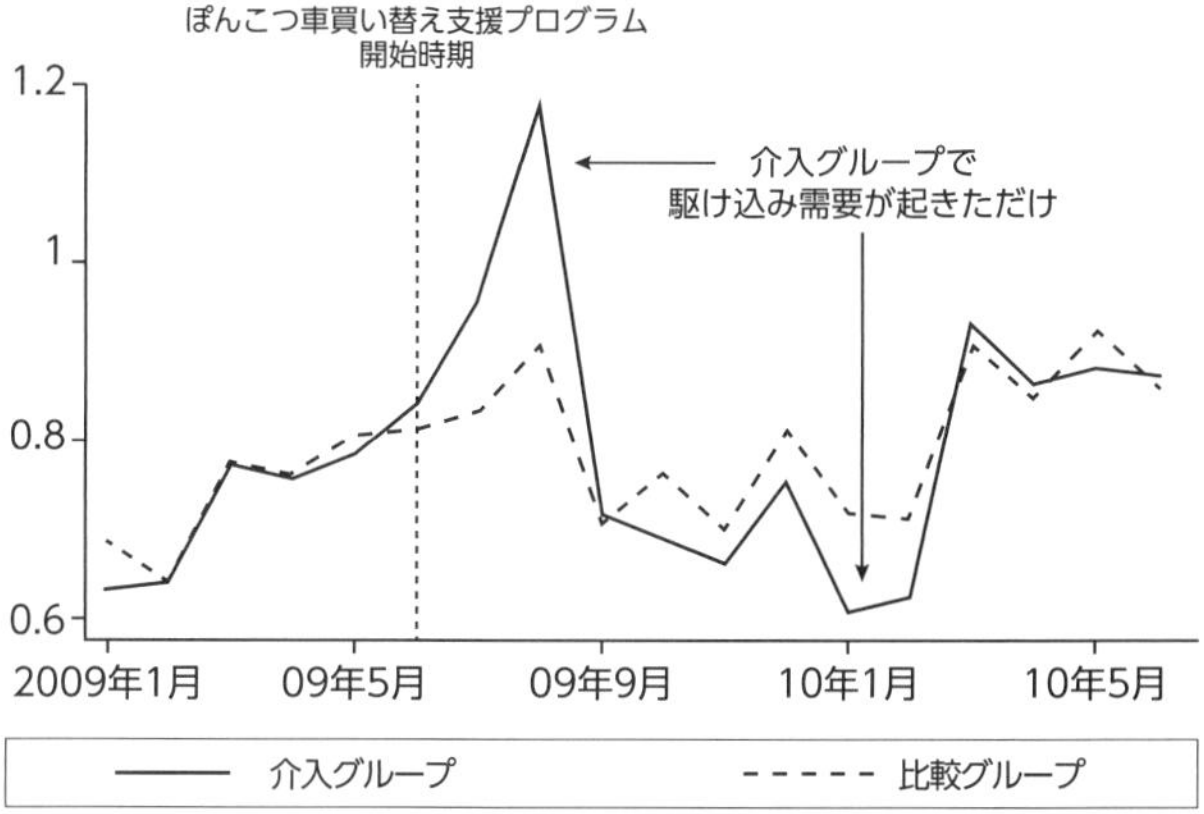

出典:Mian and Sufi(2012)のグラフをもとに著者が作成。

援プログラム(Cash for Clunkers Program)を行いました。

政策評価として大事な問いは、このプログラムが本当に景気を刺激したのかという点です。

プリンストン大学のアティフ・ミアン教授（Atif Mian）とシカゴ大学のアミル・スフィ教授（Amir Sufi）は、この問いに対してパネル・データ分析を行いました(Mian and Sufi, 2012)。彼らは、このプログラムの影響を強く受けた地域を介入グループと定義し、影響をあまり受けなかった地域を比較グループと定義しました。

図表5-4で示したのは、この2つのグループの自動車販売数の推移です。グラフ

の各ポイントは、1年前の同月の販売数との比較を示しています。例えば、0・8というのは前年の同月に比べて0・8倍の売れ行きがあった（売れ行きは20％減だった）という意味です。

2つのグループの販売数の推移は、プログラムが始まる前は同じような動きを見せています。この「介入開始前の平行トレンド」を根拠として、教授らはパネル・データ分析に必要な平行トレンドの仮定がおそらくは成り立つであろう、と議論しています。そして、プログラムが始まった6月から3カ月間は、介入グループの売り上げが比較グループ以上に伸びています。

ところが、その後の数カ月を見てください。介入グループの販売数は落ち込み、むしろ比較グループのほうが売り上げの伸びが大きくなっています。実際、2010年5月までの合計の販売数の伸びを見ると、介入グループと比較グループに統計的に有意な差異は見当たらない、という結果が示されています。

この結果を受けて著者たちは、「この景気刺激策は一時的に駆け込み需要を生んだだけで、結果的には需要の総計を増加させはしなかった」と結論づけています。

日本でも「エコポイントなどの政策は一時的な駆け込み需要を生むだけで、本当の景気刺激策にはなっていないのでは」という批判がありますが、アメリカでは経済学者のデータ分析によって、実際にそれが示されているのです。

もちろん、アメリカでの結果が日本の政策にも当てはまるかどうかは議論の余地が大きくあります。日本のエコポイント政策についても、同様のデータを収集してパネル・データ分析を行うことは可能なはずです。そういった分析を行えば、アメリカの場合と同じ結果が出ても、違う結果が出ても大変興味深いものであり、各国の政策形成に対して非常に有用になるのではないでしょうか。

第5章のまとめ

・複数のグループに対し、複数期間のデータが入手できる場合、パネル・データ分析を利用できる可能性がある
・パネル・データ分析の鉄則1：介入が起こった時期の前後のデータが、介入グループと比較グループの両方について入手できるか確認する

・パネル・データ分析の鉄則2：「平行トレンドの仮定」が成り立つかどうかの検証を行う
・パネル・データ分析の鉄則3：平行トレンドの仮定が成り立つ可能性が高いと判断できた場合、2つのグループの平均値の推移をグラフ化することで介入効果の平均値の測定を行う
・パネル・データ分析の強み1：必要なデータの収集が可能であれば、RDデザインや集積分析以上に広範囲な状況に利用できる可能性が高い
・パネル・データ分析の強み2：図を用いて結果をビジュアルに示せることで、分析者以外にも透明性のある分析ができる
・パネル・データ分析の強み3：介入グループに属する全ての主体に対して介入効果の分析が可能である。この点は、分析できる対象の範囲が狭いRDデザインや集積分析に比べて優れた点である
・パネル・データ分析の弱み1：分析上の仮定は、成立するであろう根拠を示すことはできるが、立証はできず、この点はRCTに比べて大きな弱点と言える
・パネル・データ分析の弱み2：RDデザインや集積分析における仮定に比べ「平

行トレンドの仮定」は非常に難しい仮定であり、実際には成り立たない状況も多い

第6章　実践編：データ分析をビジネスや政策形成に生かすためには？

前章まで、因果関係に迫る分析手法としてＲＣＴや自然実験法の解説をしてきました。では、実際に企業や公共機関で働く実務家の立場から考えた場合、このようなデータ分析を実務での意思決定に生かしていくためには、どのような道があるのでしょうか？

アメリカを始めとする諸外国では、本書で紹介したような手法を用いたデータ分析の結果を、ビジネス戦略や政策形成に生かす作業が日常的に行われています。

本章では諸外国での具体例を紹介しながら、どのようにすればデータ分析をビジネス戦略や政策形成に生かせるのかを考えていきたいと思います。

シリコンバレーでは日常的にＲＣＴを使ったビジネス戦略分析が行われている

カリフォルニア州のサンフランシスコ近郊に位置するシリコンバレーには、グーグル・ヤフー・フェイスブックなど、日本でも馴染み深いＩＴ関連企業の本社が並んでいます。本書の第２章で紹介したシローカー氏のように、ビジネス戦略を立てる際にＲＣＴなどのデータ分析手法を使うことは、アメリカのビジネス界では常識になっています。

例えば、ヤフーで現在最高経営責任者（ＣＥＯ）として働くマリッサ・マイヤー氏（Marissa Mayer）は、前職のグーグル社員時代、ある有名なＲＣＴを行っています。グーグルのようなウェブ検索エンジンでは、何かを検索すると検索結果が一覧として出てきます。検索エンジンを提供する会社は、検索結果ページに出てくる広告料で収益を上げています。そのため、収入の鍵となるのはどれだけ多くの人が検索ページを訪れてくれるかと、訪れた人がどれだけの確率で広告をクリックしてくれるか、という点です。

ウェブ広告におけるビジネス戦略を考えるため、マイヤー氏はＲＣＴを用いて最適なウェブサイトのデザインを検討しました。その実験で検討した内容は、文字のレイアウトから始まり、表示する検索結果の件数など多岐にわたります。

中でも有名なＲＣＴは、検索結果として表示されるリンクの「青の色をどの青にするか」という実験です。著者のようなデザインの素人から考えると、青は青でしかないような気がしてしまうのですが、ウェブサイト上で表示できる青の種類は実はたくさんあるのです。彼女は、ウェブデザイナーを説得して、41種類の青をＲＣＴによって試しました。

ＲＣＴのやり方は、本書の第２章で紹介したオバマ前大統領の実験と似ています。グーグルの検索エンジンを利用した人に対して、41種類からランダムに選んだ青を見せ、どの青が一番多くのクリックを生むかを突き止めたわけです。

皆さんもグーグルの検索エンジンを開いてみてください。そこに出てくる青は、おそらくRCTを経て突き止められたビジネス戦略上の「最高の青」なのかもしれません。もしくは、グーグルがもっと良い色を発見したいという目的で新たなRCTを行っている場合、あなたが見せられている色は実験的な色なのかもしれません（私も検索結果のページを開いたときに黒文字の検索結果が出てきたことがあります）。

アメリカ連邦政府内で進む「エビデンスに基づく政策形成」

シリコンバレーから始まった動きは、政治の中心であるワシントンDCにも飛び火しました。アメリカでは数年前から、オバマ前大統領が**エビデンス（証拠）に基づく政策形成**（evidence-based policymaking）を提唱して、政府における政策形成のあり方を変えようとしています。

オバマ前大統領の問題意識は以下のようなものでした。

政策担当者の多くは、どれだけの予算を自分の部署の政策に支出できたかという「支出の大きさ」を主眼とした政策形成をしている。しかし今後は、政策がどれだけの効果（雇用創出、環境汚染改善など）を生みだしたかという「政策効果の大きさ」を物差しとして政策形成を行っていくべきである――。

この変革をさらに進めるために、２０１６年にオバマ政権下で新しい法律が制定されました。この法律は「エビデンスに基づく政策のための評議会設置法（Evidence-Based Policymaking Commission Act of 2016)」と呼ばれます。この法律はオバマ前大統領の独断で成立したものではなく、民主党と共和党の共同法案として成立したものです。つまりエビデンスに基づく政策を重視していく方向は、党派を超えた政治的な流れになっているのです。

この流れはトランプ新政権では継続されるのでしょうか？　もしくは、加速や減速をしていく可能性もあるでしょうか？　私の同僚であるシカゴ大学のブルース・メイヤー教授(Bruce Meyer）を始めとする有識者の間では「エビデンスに基づく政策形成への流れはトランプ政権下でも変わらないだろう」という見方が一般的です。

１点目の理由は、オバマ政権時代以前からもこういった流れは全米で進んでおり、エビデンスに基づく評議会でもすでに様々な具体的計画が打ち出されているためです。

2点目の理由は、先にも述べた通り、この法案は共和党と民主党の両方の支持を得て成立している法案であるからです。

3点目の理由は、トランプ大統領自身がビジネス界出身であり、「税金の無駄遣いである政策を縮小し、政策効果の出る政策にお金を回す」という発想はビジネスの世界では当然の考え方だからです。

しかし、これまでトランプ大統領は、有識者の予想を遥かに超える予期せぬ決定を発表し続けていることも事実です。その点をかんがみると、エビデンスに基づく政策の流れも今後の動きについて不確実性を抱えていることは拭いきれないと著者は考えています。

評議会の使命

さて、エビデンスに基づく政策のための評議会は、具体的には何を行うのでしょうか?

まず、評議会の委員として15人の専門委員が任命されました。委員には、ハーバード大学のジェフェリー・リーブマン教授(Jeffery Liebman)、シカゴ大学のブルース・メイヤー教授など、データ分析を用いた経済分析で長年の経験を持つ研究者らが名を連ねています。

評議会の使命は複数あるのですが、主要なものは以下の2項目です。

①RCT（ランダム化比較試験）などの厳密な科学的手法により政策が評価され、政策効果の因果関係がデータ分析により解明される仕組みを作る
②政府が持つ詳細な行政データを研究者に利用させ分析させる体制を整える

1点目はまさに本書の各章で扱ってきた項目です。オバマ前大統領や評議委員は「**単に数字やデータを示すこと＝エビデンス**」**ではない**という考え方を非常に大切にしています。その理由は、Xという政策がYという結果にどう影響したかという因果関係を科学的に示すデータ分析こそが、政策形成に必要であるためです。

2点目の行政データ利用は、第5章のデンマークの例でも触れた通り、自然実験手法を用いた分析を行うにあたって非常に重要な点です。

第2章で述べたRCTは、因果関係を求める際の最良の方法ですが、第3章以降ではRCTを行うことができない場合の自然実験の方法を解説しました。自然実験の強みは、すでに存在するデータを上手く利用して因果関係分析をすることができる点です。

しかし、分析をする前提として必要なデータに分析者がアクセスできるという条件が必要になります。エビデンスに基づく政策のための評議会が2点目の使命としているのは、政府が持っている統計調査・国勢調査などのデータに、分析者がアクセスしやすくする体制を作ることです。

データ分析をビジネス戦略や政策形成に生かすための鍵は何か?

さて、ここまでビジネス戦略においても政府の政策形成においても、データ分析に基づいた意思決定をする流れが進んできていることに触れました。

では、企業内や政府内での意思決定に資するデータ分析を行うためには、どのような取り組みが必要なのでしょうか?

諸外国や日本国内での成功例からかんがみると、成功の鍵は2つあると私は考えています。

成功の鍵1:データ分析専門家との協力関係を築く

成功の鍵として考えられる１点目は、データ分析専門家とのパートナーシップ（協力関係）を築くことです。

本書では、データ分析を用いて因果関係に迫る方法論の入門を解説していますが、実際に適切な分析を自らの手で行うには、最終章で述べるような参考図書をはじめとした専門的な勉強と、データ分析の経験が必要となります。

データ分析は、コンピュータにあるデータを何らかのソフトウェアで操るという狭義のスキルと勘違いされがちです。しかし、本書で紹介しているように、データ分析のスキルとはもっと広義なものです。

例えば、問題に対する答えを出すためにはどのようなＲＣＴをデザインすればよいのか、ＲＣＴができないときはどのような自然実験が適用可能か、収集すべきデータは何なのかといった**「コンピュータにデータが上がってくる前の段階も含めたスキルや経験」が重要になります。**

こういったスキルを持った人が企業や政府内にすでに存在する、または育てることができる場合は、組織の内部にデータ分析専門家が所属する部署を設けることが一つの解決策です。実際、欧米の企業や政府機関でこの方法を採用しているところは多くあります。しかし現実的には、多くの組織ではこういった人材を内部で抱えていないのが現状です。その場合、大学の研究者や研究機関の専門家など、外部の専門家と協力するという道が現実的かつ効率的な第二の解決策となります。

データ分析の経験がない方にとっては、何か答えたい問いがあってもどこから手をつけてよいかわからず、手探り状況が続いてしまうものです。また、専門的な知識なしに行った分析手法が誤った手法である可能性もあります。

さらに、多くの方は日々の業務に時間を取られ、自ら分析を行っていくのは難しいものです。その意味で、データ分析の専門家が提供できることは、問題の把握から始まり、問うべき問いの検証、その問いのために必要となるデータの検証、ＲＣＴや自然実験のデザイン、そして最終的な分析とプレゼンテーションと多岐にわたるため、協力関係を築くことで解決できることはたくさんあります。

また、データ分析専門家と現場の協力関係を築くことの重要性は、データ分析の専門家が抱える弱点にも起因します。データ分析の専門家は専門的知識を提供できる一方で、現場の声や問題を肌で感じることができません。そのため、当然のことですが、自分のデスクに向かっているだけでは、真に問うべき問題を把握できないことが多いです。さらに、問うべき問題だと思って取り組んだ課題が、実は現場にとってはあまり大事な問題ではなかったという、本末転倒な状況に陥ることもあります。つまり、データ分析専門家が実りのある分析を行うためにも、データ分析の結果を利用する立場の方々との協力が重要なのです。

成功の鍵2：データへのアクセスを開く

成功の鍵として挙げられる2点目は、データへのアクセスを可能な限り開かれた形にすることです。先述したアメリカ連邦政府のエビデンスに基づく政策のための評議会では、RCTなどの科学的データ分析を進めるという目的と同時に、政府が持つ詳細な行政データを分析者に利用させる体制を整えるという目的を掲げていました。

政府内の公的なデータにしても、企業内のデータにしても、データセキュリティを確保した上で分析者にアクセスを開放することが重要です。なぜなら、そもそもデータアクセスへの準備がない限り、成功の鍵1で述べた専門家と政府・企業との協力関係が生まれないからです。

データアクセスの公開の方法は多岐にわたります。

第一の方法は、データが全ての人に公開されていて、特別な手続きがなくても利用できる体制です。例えばアメリカの国勢調査のデータの一部は、この形を採用しています。世帯の基本情報（所得や教育など）は、数百世帯の平均値や中間値であればウェブサイトから簡単にダウンロードできるようになっており、日本の国勢調査データに比べてデータ公開が進んでいる例と言えます。

同様の例は、著者が研究で用いたことがあるスペインの電力市場のデータにも言えます。スペインでは、各発電所の毎時間の発電状況、卸売市場での毎時間の入札情報などがウェブサイト上で公開されています。日本の電力市場では現在、こういった情報は公開されていません。これが、日本の電力市場の分析がなかなか進まず、政策に生かせる分析結果が他国の電力市場に比べて非常に少ない要因の一つになっています。

第二の方法は、所定の手続きを踏めばデータにアクセスできる仕組みを整えることです。この方法を採用しているのは、カリフォルニア州の電力会社が持つ消費者の電力使用量データです。ウェブサイト上で所定の申請手続きを踏み、データ使用制約の条件を満たした上で分析の提案書が認められれば、データが使用できる仕組みになっています。この仕組みは、カリフォルニア州の3大電力会社、州政府、カリフォルニア大学などの研究機関の協力で作られ運営されています。

同様の仕組みが採用されているのは、アメリカの国勢調査の個票データ（世帯ごとのデータ）です。個票データの利用に際しては、データ使用者に厳密なデータ利用申請プロセスが課されますが、申請が通るとアメリカ各地にあるデータセンターでデータ分析ができます。セキュリティ問題上、個票データはデータセンター外に持ち出せないことになっており、分析者は分析結果の表やグラフだけを持ち帰ることができます。

第三の方法は、あまり開かれた方法とは言えないのですが、信頼できる専門家だけに門を開くという方法です。最初から完全にデータを公開することが難しい場合、まずは信頼できるデータ専門家との間で守秘義務契約を結び、その契約の条件内での使用に限って認めるというやり方から始める方法が考えられます。

そのような形式から始め、徐々に開かれたデータアクセスに移行していった例もあります。例えば、先述したカリフォルニア州の電力消費データも、最初はこの方法から始まり、数年後に第二の方法に移行しました。また、後述するウーバーなどの企業も、分析可能なデータを分析者に提供する体制を整えているものの、現在のところ信頼できるパートナーとの間だけでデータを共有する形を採用しており、その後に幅広い層への公開を計画しています。

企業とデータ分析者のパートナーシップ例1：
カリフォルニア大学・スタンフォード大学と大手スーパーマーケットの協力

　ここからは企業と専門家によるパートナーシップの実例を紹介していきたいと思います。恐縮ながら、著者が所属していたカリフォルニア大学やスタンフォード大学、そして現在所属しているシカゴ大学の実例が多くなってしまいますが、その理由は著者が詳しい内容を知っているからという点と、おそらくはこの分野で様々な方向での実例を作り出しているのが、これらのアメリカの大学の研究者たちであるという点に起因しています。

　最初の2つの例は、データ分析専門家と民間企業のパートナーシップです。

　皆さんご存知のように、日本では数年前から店頭で「消費税を含めた税込価格」を表示することが義務づけられました。世界の各地では、税込価格を表示している地域と、税抜き価格を表示している地域があります。

　では、価格が税込で表示された場合、税抜き表示の場合と比べて消費者の購買行動は変化するのでしょうか？

経済学のシンプルな理論を考えると、消費者が完全に合理的で税込価格の計算を自分でできる場合、税込価格の表示と税抜き価格の表示は購買行動に影響しない、という仮説が成り立ちます。なぜなら、レジで支払う金額はどちらの場合も同額だからです。しかし、もしも税抜き価格から適切に税込価格を計算できない、もしくは計算するのには労力がかかる場合、税込価格の表示自体が購買行動に影響を与える可能性があります。

この問題は、税金などを研究する公共経済学という分野で重要な問題であると同時に、税制を考える政府、そして日用品や食料品などを売る小売企業にとっても非常に重要な問題です。

スタンフォード大学のラジ・チェティ教授らの研究グループは、この問題に答えるために、スーパーマーケットと協力をしてＲＣＴを行いました（Chetty, Looney and Kroft, 2009）。この実験が革新的だったのは、税込価格の表示という実験を実験室ではなく、実際のスーパーマーケットの店舗内というフィールドで行った点です。

まず、サンプルに選ばれた店舗をランダムに介入グループと比較グループに分けました。さらに、介入グループの店舗で販売されている商品のうち、ランダムに選ばれた商品群だけに「税込価格」を表示しました。

図表6-1　スーパーマーケットで行われたRCT

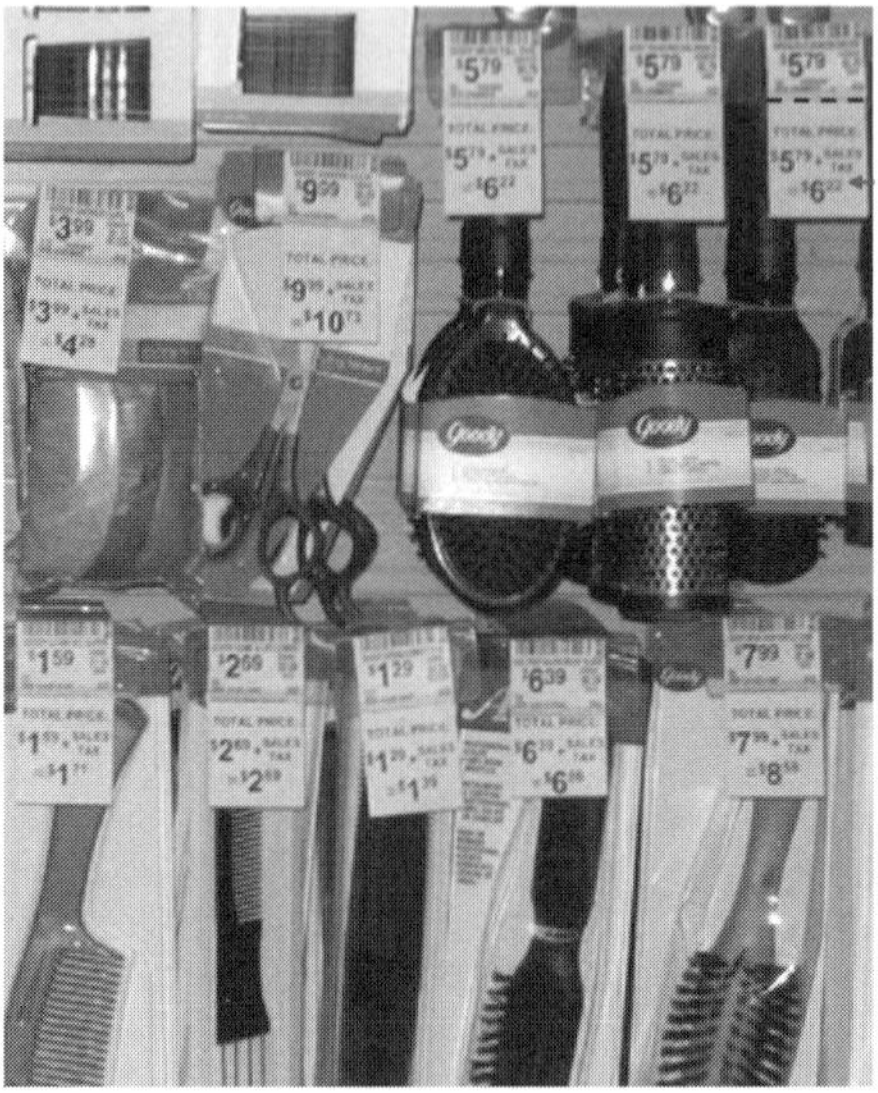

この実験では、ランダムに選ばれたスーパーマーケット店舗で写真のように税込表示の値札が追加された。
出典：Chetty, Looney, and Kroft(2009)。

図表６－１で示したのが、税込価格を表示した実験用の値札です。この商品群以外の商品と、比較グループのスーパーにおける商品は、全米のほとんどの地域と同様に「税抜き価格」だけが表示されたままになりました。

このＲＣＴの結果、明らかになったのは、

「税込価格を表示すると、税抜き価格を表示した場合に比較して平均的に８％売り上げが下がる」

という因果関係でした。

ここで再度強調したい点は、税込価格の表示でも、税抜き価格の表示でも、最終的に消費者がレジで支払っている金額は全く一緒だということです。にもかかわらず、税込価格の表示は売り上げを8％も下げたのです。

さらに興味深いことに、この当時、カリフォルニア州に位置するこのスーパーマーケットにおける消費税は7・375％でした。つまり、先ほどの8％の効果が意味するのは「税抜き価格だけが表示されている場合、消費者は消費税をほぼ無視した形で商品の支払額を計算している。そして、税込価格が表示された途端に税金の分だけ価格が増えたかのように消費行動を変えた」ということでした。

この分析結果は、スーパーマーケットの価格戦略はもとより、税制政策を考えるアメリカの政府当局や他国の税制当局に大きな影響を与えました。また、学術的には「消費税などの費用を消費者は完全に正しく計算している」という古典的な経済学理論の根本的な仮定が間違っている可能性が指摘された点で、革新的な意味がありました。

企業とデータ分析者のパートナーシップ例2：カリフォルニア大学と電力会社の協力

企業と専門家が協力できる形の一つは、先ほどの例で説明したようにＲＣＴを共同で行うことです。しかし、それ以外にも様々な協力の形があります。例えば、本書の第３章で紹介した地理的境界線を用いたＲＤデザインの例は、カリフォルニア大学バークレー校の研究者とカリフォルニア州の３大電力会社との協力の形です。

２００７年当時、大学院生だった著者も含めたカリフォルニア大学バークレー校の研究者グループは、カリフォルニア州公共事業委員会（CPUC: California Public Utilities Commission）との話し合いの中で、消費者の電力消費行動を分析することで州の政策や電力会社の価格設計に役立つ研究ができないか、という議論をしていました。その後、カリフォルニア州公共事業委員会が、カリフォルニア州の３大電力会社（Pacific Gas & Electric, Southern California Edison, San Diego Gas & Electric）と協力して守秘義務契約を結んだ上で、私たち研究者グループにデータを提供する運びになりました。第３章で紹介した内容は一連の研究成果のうちの一部の抜粋です。同データを用いた研究の詳細に関心のある方は、Aroonruengsawat and Auffhammer（2011), Borenstein(2012), Chong（2012), Ito(2014,

2015) をご覧ください。

カリフォルニア大学が提供を受けた、州全域の世帯レベルの毎月の電力消費データというのは、これまでには類を見ない規模と精緻度のデータでした。特筆すべきは、このようなデータはこれまで存在しなかったわけではなく、企業内や公共機関内に存在しながらも、あまりデータ分析には使われてこなかったものであることです。このようなデータのことを**行政データ・経営データ**（administrative data）と呼びます。

ビッグデータという言葉で表現される情報通信革命の一つの流れは、行政データ・経営データの有用性が認知され、データベースとしての整備も進んでいることです。

行政データ・経営データを利用する利点は、RCTを行う予算や時間がないという場合でも、データから有益な分析結果を導き出せることです。第3章以降で解説したように、データ専門家は様々なアイディアを練り、自然実験などの分析手法を使うことで、データ分析を行うことができます。

ただし、この過程で鍵となるのは、世帯ごと、企業ごとといった精緻なレベルのデータ（統計では個票データと呼びます）が利用可能であること、及びデータの観測数が豊富であることです。

例えば、電力消費のデータを例にとると、従来のデータ形状は以下のどちらかでした。第一のケースは、個票データではなく都道府県ごとの平均値しか手に入らないという場合です。第二のケースは、個票データは手に入るが、数百世帯といった非常に観測数の小さいアンケート調査データしか手に入らないという場合です。

どちらの場合でも、データの精度やサンプル数という点で限界があり、第3章以降で説明したような分析は困難でした。その意味で、電力会社からカリフォルニア大学の研究グループに提供されたデータは新規性があり、またその精度やサンプル数の大きさが鍵となって、第3章で紹介したような分析手法を用いることが可能になったわけです。

さらに、電力会社とカリフォルニア大学のパートナーシップは、もう一つ次の段階に進みました。このプロジェクトが始まった当初は、データを利用できるのは守秘義務契約を電力会社と結んだカリフォルニア大学の研究者だけでした。しかし、現在では、データ利用申請のウェブサイトが開設され、研究目的での利用申請ができるようになっています。電力会社との守秘義務やデータの管理方法など厳しい制約は付随しますが、従来はアクセスが不可能であったような電力消費データなどについて、より開かれたデータ公開が始まっています。

私がカリフォルニアの電力会社職員と長年共に仕事をしてきた感覚だと、適切な話し合いを続ければ、外部のデータ分析専門家側と電力会社側の双方にとって有用な協力関係を築くことができるのではないかという印象を持っています。

電力会社のような大きな会社は、内部にもデータの専門家を抱えている場合が多いです。しかし、少なくともアメリカの電力会社職員から伺う話では、内部の専門家たちは日々の分析業務で忙しく、全く新しい切り口の分析を試す時間がありません。その点、外部の専門家を招いて分析を依頼することで新しい知見が得られる、というメリットがあるとのことでした。

カリフォルニアで始まったこの動きは、全米へと広がっています。著者が知る限りでも数十の州で電力会社、ガス会社、水道会社などの公益事業者と研究者の協力が始まっており、様々なデータ分析の結果が企業の経営や、政策担当者の政策形成に生かされています。

企業とデータ分析者のパートナーシップ例３：シカゴ大学とウーバーの協力

近年、日本でもニュースに取り上げられているウーバー（Uber）という会社をご存知でしょうか？　タクシーの運転手ではない一般のドライバーが、タクシーと同様のサービスを提供できる仕組みを運営している会社です。日本では「それは白タクではないか」ということで規制緩和に関する議論が続いているところですが、消費者として使ってみると非常に便利なサービスです。消費者はスマートフォンを使ってドライバーを呼ぶことができます。また、クレジットカードの登録を事前に済ませておくことで、目的地に着いた際には車内での支払いなしで降車することができます。

また、厳しいドライバーの審査や評価システムを導入することで、悪質な白タク行為を招かないような仕組みも工夫されています。日本では、そもそもプロのタクシードライバーのサービスが（おそらくは世界一）丁寧であるため、アメリカほど導入の便益がないかもしれませんが、一般的に運転が荒くサービスも良くないタクシードライバーが多いアメリカなどの国では、ウーバーの新規参入は画期的でした。

さて、データ分析の話です。

ウーバーは社外のデータ分析専門家との協力に非常に積極的です。まずは、内部のデータ分析企画チームを率いるジョナサン・ホール氏（Jonathan Hall）がハーバード大学で経済学の博士号を取得しており、外部の専門家を積極的に引き入れようとしています。先日は、彼自身がシカゴ大学を訪れ、分析する価値がある企画があればウーバーはＲＣＴに積極的なので、大学の研究者側からアイディアを持ち込んでほしいとの講演を行いました。

ここでは、シカゴ大学の研究者とウーバーが取り組んだデータ分析うちの一つを紹介しましょう。この研究は、先ほど紹介したウーバー社内のジョナサン・ホール氏とシカゴ大学のジョン・リスト教授（John List）、スティーブン・レヴィット教授（Steven Levitt）らを始めとする研究者が協力して行った分析です（原論文は Cohen et al., 2016）。

通常、タクシー料金は規制がかかっているため、夜間料金などを除いては時間に応じて料金が変わることはありません。しかし、本書の第２章で扱った電力価格と同様、経済学的に考えれば、タクシー料金は需要と供給の関係によって変動するべきだという考え方もできます。供給（ドライバーの数）に比べて需要（利用者の数）が少ないときは価格が安くなり、逆の場合は価格が高くなることによって、需要と供給のバランスを取るという発想です。

実際、ウーバーは地域内で路上に出ているドライバーの数に比べて利用者の数が極度に増加した場合、利用価格を上げるということをしています。価格を上げることによって、より多くのドライバーが路上に出てお客さんを見つける意欲を促すことを狙いとしています。供給の逼迫具合にもよりますが、価格が通常よりも、１・２倍、１・５倍、２倍へ上がることもあります。一方で、あまりにも需要が少ない場合は、価格を通常よりも下げることによって利用を促します。

ウーバーやタクシーに限らず、消費者にサービスを提供する企業にとって非常に重要になるのが、消費者の**需要曲線の形状**です。需要曲線とは「価格の上げ下げによって利用者の数がどれだけ変わるのか？」という情報を提供してくれるものです。需要曲線を知ることは、企業にとっては利益を最大化するための戦略に不可欠です。

シカゴ大学の研究者らとウーバーは、データ分析によって需要曲線を推定するプロジェクトを立ち上げました。ここでの鍵は、ウーバーを利用する消費者の需要曲線を知ることは、ウーバーにとっても研究者にとっても興味深い問いであったことです。

ウーバーを利用する消費者は、スマートフォンを使ってドライバーを呼びます。図表6-2に示したように、消費者は携帯電話の地図上で、自分の位置とドライバーたちの位置を知ることができます。そして、目的地を入力してドライバーを呼ぶと、料金が表示されます。この瞬間、消費者は表示された料金でドライバーを呼ぶか、それとも呼ぶのをやめるかの選択をします。この消費者の「選択」が需要曲線を推定するための鍵です。

ウーバーが研究者側に利用を許可したデータは、それぞれの消費者がウーバーを利用した際に支払った料金や利用状況のデータでした。この中で特に重要だったデータは、消費者が

図表6-2 ウーバーを利用する際のスマホ画面

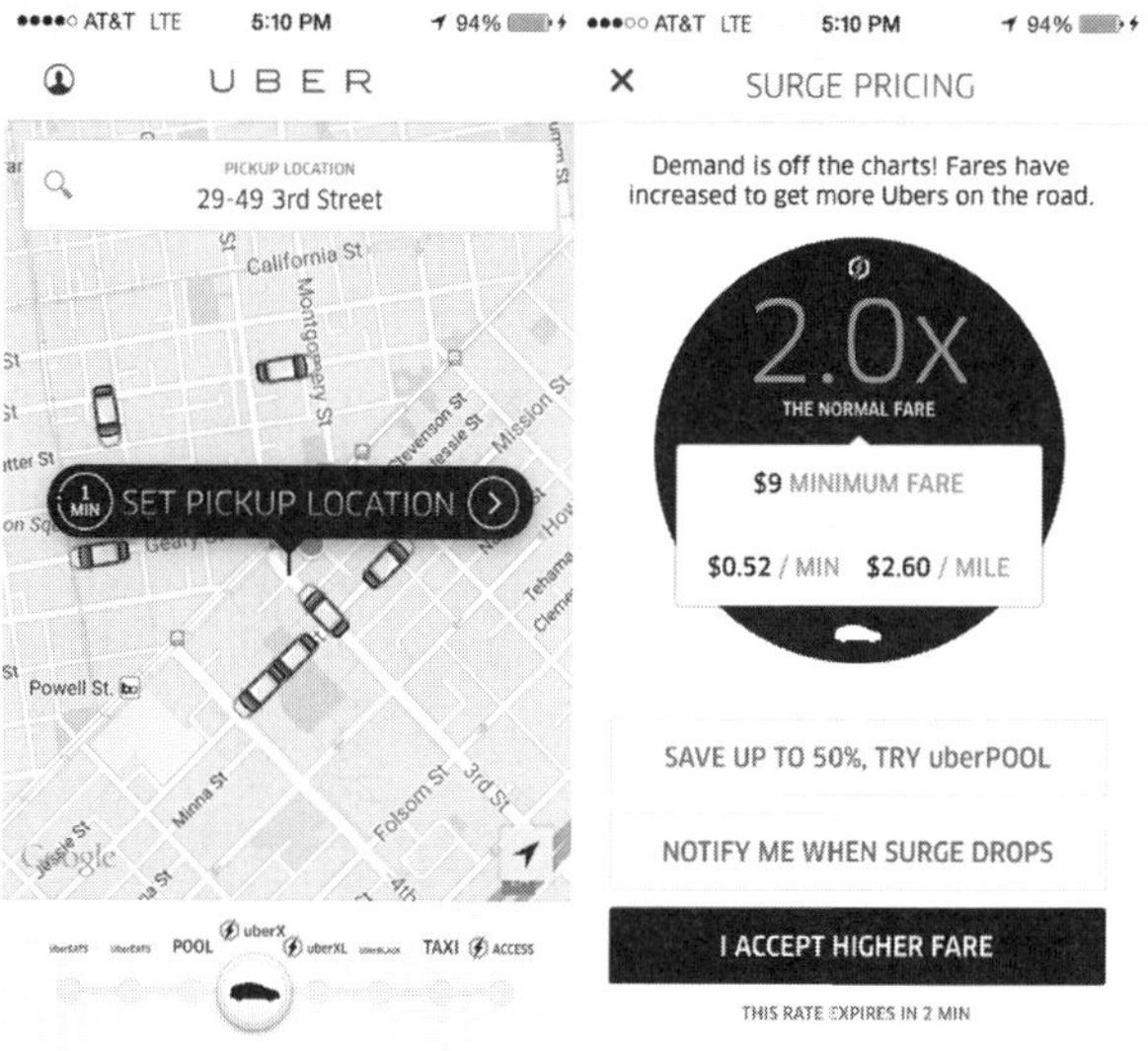

ウーバーのサービスを利用してタクシーを呼ぶ場合、消費者はドライバーの位置を地図上で確認できる(左)。サービスを利用するかどうかの選択時に価格情報を見ることができる(右)。この例では、「価格が２倍になる」と表示されている。
出典：Cohen et al.(2016)。

料金表示画面まで進んだ後に、利用をするかどうかの「選択」をした情報です。この情報を用いることで、

①それぞれの消費者の携帯電話画面に表示された価格
②その価格を見た後、その消費者がサービスを利用したか・利用を諦めたかという記録

がデータ分析に生かされることになったのです。

さて、需要曲線を推定する上でも最良の方法は、第2章で紹介したRCTです。しかし、研究者らはウーバーの行っている価格変更ルールを上手く利用すると、RCTを行わなくとも「消費者が価格変化にどのように反応するのか」という問いに答えられるのではないか、と考えました。

ウーバーは、路上に出ているドライバーの数と利用客の数をリアルタイムにデータとして集め「需給逼迫指数」(surge generator)を計算しています。この指数が大きいほど「路上に出ているドライバーの数に比べて、利用したいお客さんの数が大きくなっている」つまりは「需要が供給を超過して、需給が逼迫している」ということです。

ウーバーは、この指数を使うことで価格を変更していました。例えば、逼迫指数が1・25付近では、以下のようなルールを決めていました。

①逼迫指数が1・15よりも大きく1・25よりも小さい場合は、価格を1・2倍にする
②逼迫指数が1・25よりも大きく1・35よりも小さい場合は、価格を1・3倍にする

つまり、逼迫指数が1・25に満たない場合の価格は1・2倍で、指数が1・25という境界点を超えたとたんに、価格は1・3倍に上がる、というルールです。

さて、この状況でどのような自然実験手法を用いることができるか、読者の皆さんも考えてみてください。

シカゴ大学の研究者たちは、このルールを上手く使うことで、第3章で紹介したRDデザインを利用できるのではないかと考えました。

分析結果の一部を示したのが図表6-3です。横軸は、需給逼迫指数を示しています。縦軸は、スマートフォンを使ってウーバー・ドライバーを呼ぼうとした消費者のうち、価格表示後に実際にドライバーを呼んだ消費者の比率を示しています。例えば、縦軸の0・58と

図表6-3 ウーバーのデータを利用したRDデザイン

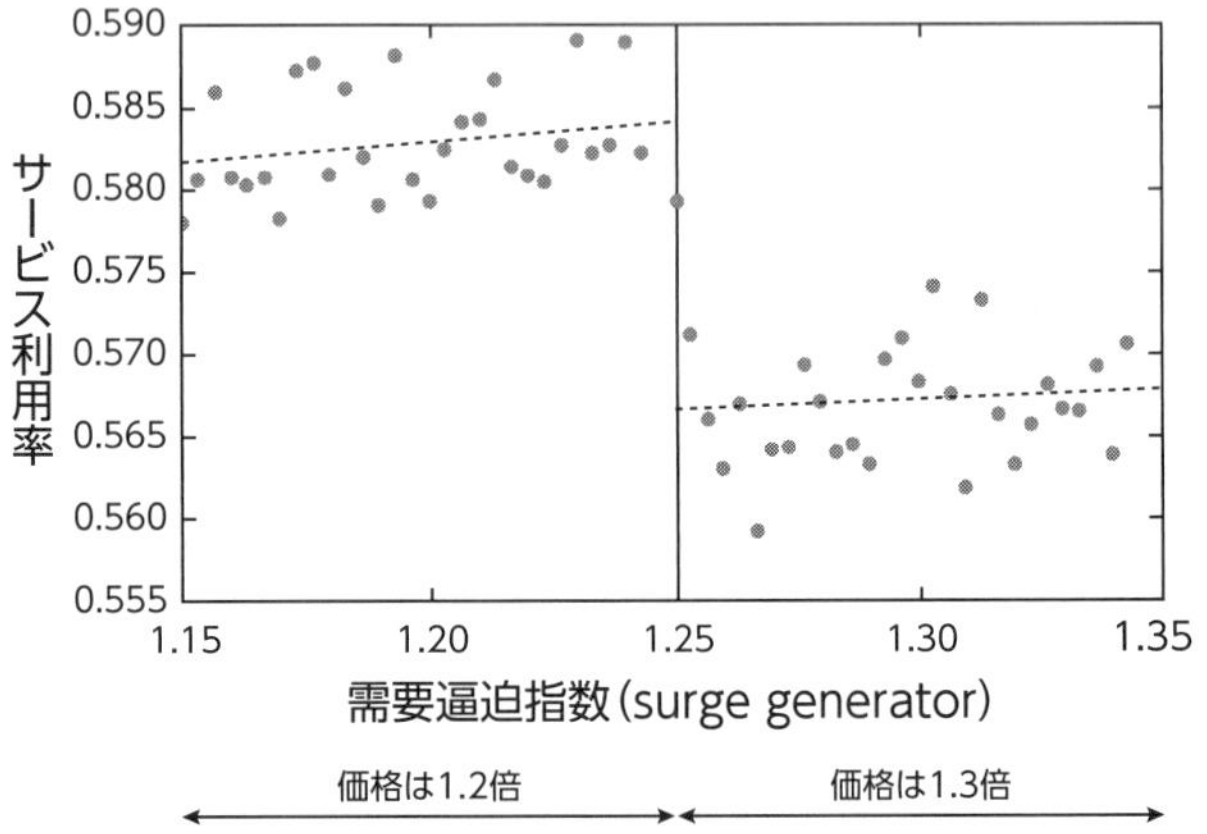

出典：Cohen et al.(2016)のグラフをもとに著者が作成。

いう数字は、価格表示のあとに58％の消費者が実際にドライバーを呼び、残りの42％の消費者は呼ばなかったということです。

図表6-3を見るとわかるように、価格が1・2倍から1・3倍へと変化する位置で、利用率が非連続的に下がっていることが窺《うかが》えます。第3章で学んだRDデザインで必要な仮定が成り立っていれば、この方法を用いることで、

「価格が1・2倍から1・3倍へと上がると、消費率はおおよそ0・58から0・565へと落ちる」

という因果関係を示すことができます。

価格が上がれば、利用客が減るというのは直感的にわかりますが「どのくらい減るのか」を数量的に発見できたことが、ウーバーのビジネス戦略にとって有用なことでした。

さらに、研究者らは同様の分析手法を用いて、様々な点で価格変化が起こった時の消費者行動を分析しました。先述した例は、価格が1・2倍から1・3倍に上がる分岐点でしたが、同じルールが他の価格変化地点でも使われていました。

例えば、

③逼迫指数が1・35よりも大きく1・45よりも小さい場合は、価格を1・4倍にする
④逼迫指数が1・45よりも大きく1・55よりも小さい場合は、価格を1・5倍にする

という同様のルールが使われていたのです。

研究者たちは、各地点でRDデザインを用いた分析を行い「価格の上下によって利用率はどのように変化するか」について推定しました。

分析結果をまとめたものが図表6-4です。

縦軸に示されているのは価格です。例えば、1・0は通常の価格、1・5というのは通常

図表6-4 ウーバーのRCTで明らかになった需要曲線

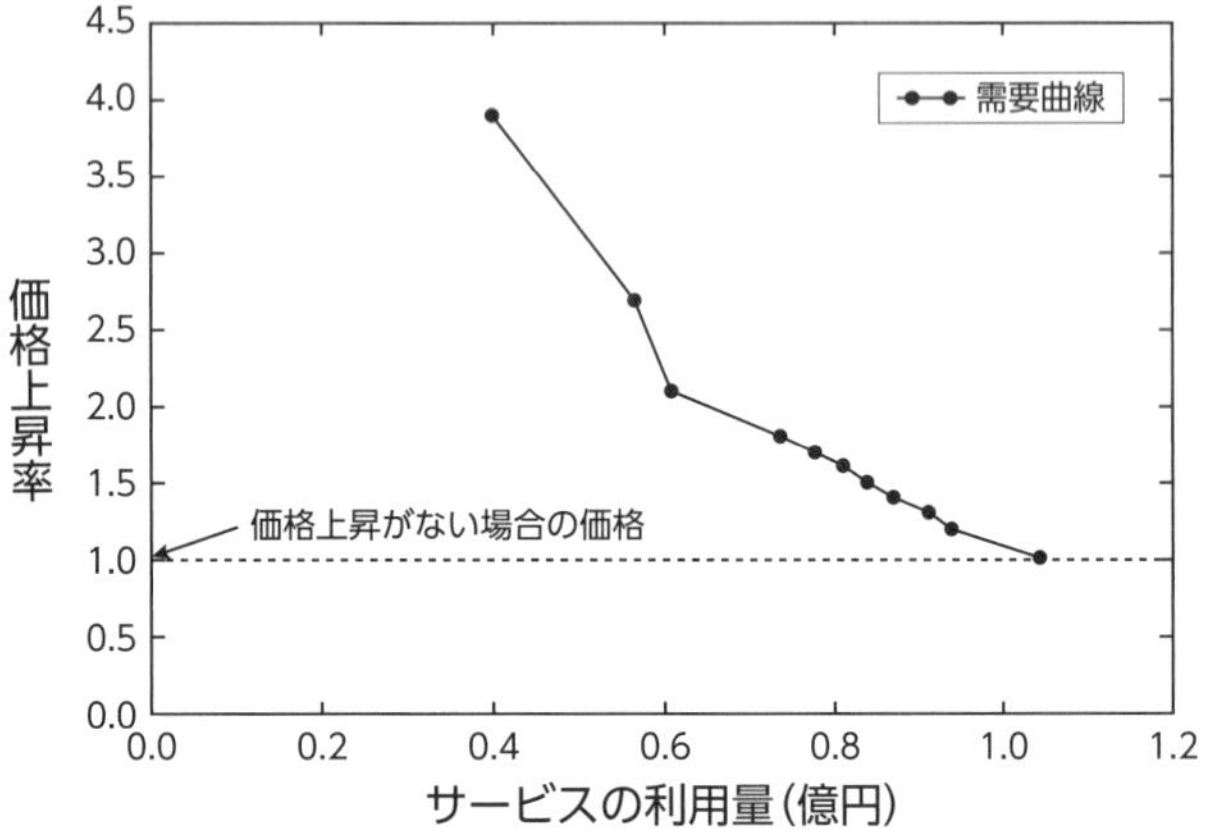

出典：Cohen et al.（2016）のグラフをもとに著者が作成。

価格の1・5倍という意味です。また、横軸に描かれているのは消費量です。つまり、このグラフは、経済学の教科書でよく目にする「需要曲線」をウーバー利用のビッグデータを使って描いた、いわばリアルな需要曲線と言えます。

ウーバーとしては、需要曲線がここまで精緻にわかると最適な価格設定戦略を考える上で非常に役立ちます。また、研究者としても、教科書にあるような架空の需要曲線ではなく、実際の消費量データから導かれた需要曲線を描けるということで、学術的な意味があります（著者個人の意見としては、単に需要曲線を描くだけでは学術的な新奇性に欠けるのですが、この論文では他にも様々な分析が行われています）。その意味で、このプロジェクトは企業側と研究者側の両者にとって意味があるデータ分析プロジェクトだったと言えます。

政府とデータ分析者のパートナーシップ例１：シカゴ大学とシカゴ市の協力

ここまで、企業とデータ分析者のパートナーシップの例を見てきました。ここからは、データ分析専門家と公的機関（国や地方公共団体）のパートナーシップを紹介したいと思います。

最初の例は、シカゴ大学が運営するシカゴ大学犯罪研究所（和訳すると多少強烈な名前の研究所になりますが、英語名称はUniversity of Chicago Crime Labです）。この研究所は、私の同僚であるイェンズ・ルドウィグ教授（Jens Ludwig）が所長を務める研究所です。

シカゴ市は、観光客が集まる地域や閑静な住宅街などは安全なのですが、地域によっては昔からマフィアが力を握っている場所もあります。そういった地域では非常に犯罪率が高く、特に青少年犯罪が問題になっています。シカゴ市やシカゴ警察にとっては、こういった犯罪を防ぐことが大きな課題となっています。

これまで、犯罪を防ぐ方法として広く考えられてきたのは、罰則を強化することで犯罪を起こすメリットを減らすことでした。しかし実際には、罰則の強化では犯罪率があまり下がらず、シカゴ市の財政を圧迫する事態が続いていました。

そこで動き出したのがルドウィグ教授らの研究グループでした。罰則を強化するのではなく教育プログラムを提供することで、犯罪抑止につながる政策ができないかと考えたのです。教授らの研究グループは経済学や教育学、心理学の研究成果を応用して、様々なプログラムを提案し、シカゴ市と共同でRCTを用いた実験を繰り返しています。

その具体例として一つのプログラムとその成果について説明します。このプログラムは英語では「Becoming a man program」、和訳すると、これまた強烈ですが「男になれ！ プログラム」ということになります。詳しい説明は原論文の Heller et al. (2015) にありますが、ここではその一部を紹介します。

このプログラムは、シカゴ大学の研究者とシカゴのNPOであるユース・ガイダンスという団体によって開発されたものです。特に犯罪率の高い地域の高校に通う学生に対して様々な教育プログラムを行うことで、犯罪への道を歩ませないようにするという目的で実施されました。図表6-5に示したように、学生が集い、専門家がリードする形でミーティングや

図表6-5 シカゴ大学犯罪研究所の教育プログラムの様子

プログラムは教育学、心理学、経済学の知見をもとに進められた。右奥ではオバマ大統領（当時）が参加している様子が伺える。
出典：シカゴ大学犯罪研究所のウェブサイトより。

様々な活動が行われます。

プログラムの効果を適切に評価するため、ランダムに選ばれた学生がプログラムに参加し、参加しなかった学生との比較で政策の効果が測定されました。まさに、本書の第2章で解説したRCTのやり方です。

さて、この実験により得られた政策効果とは何だったのでしょうか？

まずは、プログラムに参加した学生ほど、犯罪に手を染める確率が約30％も下がることが明らかになりました。また、当初プログラム効果として予想していなかった効果として、プログラム参加によって高校を卒業する確率が

15％も上がることがわかりました。当該地域での高校卒業率の低さがシカゴの教育関係者の間で課題になっており、このプログラムの有用性は、政策的に重要な発見となりました。

シカゴ大学犯罪研究所が行っている一連の研究から徐々に明らかになってきているのは、従来型の罰則を強化するという防犯政策よりも、経済学や教育学、心理学の研究成果を応用した教育プログラムのほうが費用対効果の優れた政策であるということです。

ルドウィグ教授曰《いわ》く、政策担当者の間では従来型のやり方が有効であると信じられてきたが、RCTなどの科学的な方法で政策効果を比較し、科学的なエビデンス（証拠）を示したことで、新しいやり方が政策の中に取り入れられるようになってきた、とのことです。

RCTなどの科学的な方法で因果関係を示すことの実務的な利点は、**イデオロギー論争などを超えた、データ分析の結果に基づく政策議論ができること**だと考えられます。

政府とデータ分析者のパートナーシップ例2：
経済産業省資源エネルギー庁が主導した社会システム実証実験

ここまで見てきたようなパートナーシップは、アメリカなどの諸外国で先行してきましたが、日本でも徐々に始まりつつあります。その一つが、本書の第2章でも紹介した、経済産業省資源エネルギー庁主導による「社会システム実証事業」です。本事業の詳しい内容は依田・田中・伊藤（２０１７）に記載されているので、ここでは簡単な紹介だけを行います。

２００９年、経済産業省資源エネルギー庁は、一般社団法人新エネルギー導入促進協議会とともにこの事業を立ち上げました。この事業の目的は、スマートグリッド技術の可能性や課題を発見するために、地方公共団体や企業と協力してフィールド実験を行うというものでした。著者と京都大学の依田高典教授、政策研究大学院大学の田中誠教授の研究グループは、フィールド実験の設計と統計分析に関するアドバイザーとして参加しました。

このプロジェクトの特筆すべき点は、企業・政府機関・研究者の産官学パートナーシップによって進められた取り組みであったことです。公的機関として主導をしたのは経済産業省資源エネルギー庁でしたが、実証実験は4地域で行われ、横浜市、豊田市、京都府、北九州市の地方公共団体が参加しました。また、実験の実施にあたっては、電力事業者を始め電気機器メーカーやシステム開発会社など、数多くの民間企業も参加しました。私たち研究者はデータ分析専門家として参加させていただいたわけですが、現場で実際に実験を運営し、データを取得するなどの実質的な業務は、関係各所の尽力によって実現したわけです。

これまでも官学が協力して政策に役立つ調査を行うことはありました。しかし、この「社会システム実証事業」の革新性は、日本で初めてＲＣＴを用いた本格的なフィールド実験による政策分析を行ったことです。

４地域で行われた実証実験で明らかになったことの一部を本書の第２章で紹介しました。第２章で見たように、ＲＣＴを用いた分析はデータに基づく科学的なエビデンスを提供してくれるという意味で、政策形成にも非常に有効な手段です。また、昨今では日本でも「エビデンスに基づく政策形成」を進めようという流れが出始めています。今後は経済産業省のみならず、他省庁や地方公共団体でもデータ分析専門家とのパートナーシップが生まれ、データ分析が実際の政策に生かされるようになってくればと願っています。

第６章のまとめ

・アメリカを始めとする諸外国では、ＲＣＴなどを用いた因果関係分析を企業や政府の意思決定に生かす動きが加速している

・成功の鍵の１つ目は、企業・政府とデータ分析専門家との協力関係を築くこと
・成功の鍵の２つ目は、データ分析者に対するデータへのアクセスを開く道を探ること
・本章ではアメリカでの例を中心に、データ専門家と企業のパートナーシップや、データ専門家と政府機関とのパートナーシップの具体例を多数紹介した
・日本でも、企業や政府機関とデータ分析専門家のパートナーシップが始まっており、今後は様々な分野へと拡大していくと予想される

第7章　上級編：データ分析の不完全性や限界を知る

第2章から第6章までで紹介してきた方法論は、学術的にも最新のものであり、実務的にも非常に有用です。しかしながら、どんな方法論にも弱点や欠点があり、それらを認識しておくことは重要です。入門書である本書では、この点について網羅的な記載をすることはできないのですが、本章では特に重要な点についてできるだけ平易な説明を試みたいと思います。

1 データ自体に問題がある場合は優れた分析手法でも解決は難しい

「はじめに」で述べたように、データ分析のプロセスは寿司職人の仕事と類似しています。仕入れたネタを調理して、お客さんに差し出すという作業です。ですから、どんなに寿司職人の腕が良くともネタ自体が腐っていては話になりません。もちろん、ダメになっている部位だけを除く、少し古い食材でも耐えうる料理を選択するなどの次善策は取れるわけですが、きちんとした仕上がりにもっていくことは非常に困難です。

同様のことがデータ分析にも言えます。データ自体に問題がある場合は、どのような優れた分析手法を用いても信頼性のある分析結果へと仕上げることは困難です。

根本的なデータの問題例として考えられるのは、

①データ測定に問題があり、数値が正しく記録されていない
②観測値に大量の欠損値が見られる
③本来はあらゆる世帯から取得すべきデータが、非常に偏ったサンプルからしか取れていない

といった点です。

統計学を勉強すると、以上のような問題のあるデータに対してダメージを少なくする手法を学ぶのですが、多くの場合完全なる解決は難しいです。同様に、本書で紹介したような因果関係分析の手法は、データそのものの欠落点を補ってくれる手法ではありません。翻って言えば、「適切なデータを作る」という作業は、本書で紹介したような分析手法を考える前提条件として必要な作業なのです。

2　分析結果の「外的妥当性」という問題

前章までで紹介したように、ＲＣＴや自然実験手法を用いると「ＸがＹへ及ぼした影響」という因果関係を科学的に分析することができます。しかしこのような方法で得られた分析結果は、厳密に言えば「データ分析に用いられたサンプルに限って論じることのできる因果関係」です。ＲＣＴや自然実験で発見された因果関係が、分析のサンプル以外の主体にも適用できるかどうかは慎重な議論が必要です。

例えば、第２章で紹介した北九州市の電力価格実験を考えてみましょう。この実験に参加した消費者は「北九州市に住み、この実証実験に参加したいと申し出た世帯」でした。ＲＣＴを用いた分析を行っているので、実験参加者に対しての因果関係は科学的に導かれています。このことを専門的には、分析結果の「**内的妥当性**（internal validity）」は確保されている、という言い方をします。

内的妥当性の問題とは全く別の問題として出てくるのは、ここで得られた実験結果を他の世帯へも適用できるのか、という問題です。

この実験に参加した世帯は「北九州市に住む世帯である」という制約がかかっています。

仮に、北九州の世帯と他地域の世帯の間で、電力価格への反応度に大きな違いがあるとしましょう。すると、たとえ北九州市民に対する実験で価格への反応が観測できたとしても、同じ反応が他地域の世帯でも表れるという確証はないのです。

さらに「実証実験に参加したいと申し出た世帯」が対象になったという制約も重要です。実験への参加を申し出た世帯は、電力価格に強い関心があった可能性もあります。その場合、参加を申し出た住民から得られた実験結果は、他の住民の価格反応度とは異なる可能性が出てきます。

以上のように実験や自然実験で得られた分析結果が、分析で使われたサンプル以外にも適用できるのか、という問題を「**外的妥当性**（external validity）」の問題と呼びます。

図表７－１では、第２章から第５章で紹介した各種手法に関して、外的妥当性と内的妥当性の関係をまとめてみました。

まず、内的妥当性に関しては、ＲＣＴに軍配が上がることを繰り返し述べてきました。ＲＣＴでは実験が適切に行われれば、内的妥当性が１００％確保できるためです。ＲＤデザインや集積分析はＲＣＴには劣るものの、内的妥当性の強い手法と言えます。パネル・データ分析は、個々のケースによりますが「平行トレンドの仮定」は往々にして強い仮定であり、

図表7-1 誰に対しての因果関係を調べられるのか？
外的妥当性と内的妥当性の問題

分析手法	外的妥当性の広さ：介入効果（因果関係）を分析できる対象	内的妥当性の強さ
RCT(強制参加型)	実験対象者	非常に強い
RCT(自由参加)	実験対象者のうちの自発的参加者	非常に強い
RDデザイン	境界線付近の主体	強い
集積分析	集積をした主体	強い
パネル・データ分析	介入グループ全体	若干劣る

完全に成り立たないことが多く、総じて言えばＲＤデザインや集積分析よりも内的妥当性が少し弱くなりがちであると言えます。

では、外的妥当性はどうでしょうか？

ＲＣＴについては２つのケースを分けて書きました。１つ目は実験対象者について強制的に実験を行った場合です。つまり、不参加を認めない実験を行うことができた場合です。２つ目は、実験対象となる主体に対して希望を聞き、参加したい人だけに参加してもらう、自発参加型のＲＣＴです。強制参加型ＲＣＴでは実験対象者全ての人に対しての因果関係を分析できます。一方で、自発参加型のＲＣＴの場合は、実験に参加した主体に対しての因果関係のみ分析することができます。

ではＲＤデザインの外的妥当性はどうでしょう

か？　第3章で述べたように、ＲＤデザインで測定できる因果関係は、あくまでも境界線付近にいる主体（第3章の例では70歳前後の患者）だけです。追加の仮定を置かなければ、ＲＤデザインで得られた結果を「外的に妥当」だとして、他の主体へも適用することはできません。また、第４章で述べたように、集積分析の外的妥当性もＲＤデザインと近いものがあります。

第5章で述べたパネル・データ分析は、外的妥当性という意味では、ＲＤデザインや集積分析よりも優れている状況が多いと言えます。なぜなら、パネル・データ分析で明らかにできるのは、介入グループ全体に対しての因果関係だからです。

図表７‐１からわかるように、内的妥当性と外的妥当性の両方を考えた場合、どの分析方法が優れているかという点については一つの答えはなく、状況に応じてそれぞれの分析方法の利点と弱点を考える必要があるのです。以下では、いくつかの例を見ながらこの点について議論していきましょう。

まずは、以下の例を考えてみましょう。

日本政府は、日本全国に適用する予定の電力価格政策を考えています。外的妥当性の問題を完璧に克服する分析方法は、日本全国の全世帯を対象とするＲＣＴを行うか、全世帯からランダムに選ばれた世帯に対して強制型のRCTをすることです。もしそれが可能ならば、この分析から得られる推定値は「日本全国の世帯」に対して適用できる、外的妥当性の非常に強い分析結果になります。

しかし、この方法は2つの理由で容易ではありません。まずは、日本全国の世帯を実験の対象とすれば、実施コストが格段に高くなります。次に、少なくとも日本で行うフィールド実験を考えた場合、ランダムに選ばれた世帯に強制的に実験に参加してもらう、という方法は、現実的とは言えないでしょう。

次の例として、パネル・データ分析を行う例を考えてみましょう。仮に、パネル・データ分析で使われたデータが、ある一つの都道府県内で集められたデータのみであったとします。この場合、得られた因果関係は該当する都道府県における因果関係と言えますが、この結果を他の都道府県へ適用するには追加的な仮定（例えば、日本全国でこの介入グループに対する介入効果は均一であるという仮定）が必要になります。

一方、データが日本全国から集められ、各地で介入グループと比較グループが存在していた場合はどうでしょう。この場合、分析から得られた因果関係は日本全国の介入効果の平均値となります。よって、もしも分析者が知りたい因果関係が「日本全国の人を対象とした」

ものであった場合、後者のほうが外的妥当性の強い分析方法と言えます。このように、外的妥当性はデータの取得範囲に依存してくるのです。

内的妥当性の観点から言えば、ＲＣＴは王様であり、自然実験手法よりも優れています。しかし、外的妥当性を考慮すると、ＲＣＴが最も優れた分析手法とは言い切れなくなる場合もあります。

極端なケースとして以下の例を考えてみましょう。政府は電力価格が電力消費へ及ぼす影響を調べたいと考えており、分析手法として２つの選択肢があるとします。

①特定の地域で実験に立候補してきた１００世帯に対してＲＣＴを行うこと
②日本全国からランダムに選ばれた1万世帯の電力消費データを利用し、各地域の電力会社の過去10年の価格変化を使うことでパネル・データ分析を行うこと

この2つの選択肢のうち、どちらが優れた分析方法でしょうか？　この問いは非常に難しい問題です。最初の方法は、特定の１００世帯に関しては内的妥当性が確保できます。しかし、もし分析の目的が日本全国の消費者に対する効果を検討したいのであれば、最初の分析

手法は外的妥当性という点では限界があると言えます。

一方、2つ目の方法は、外的妥当性という観点からは1つ目の方法よりも優れています。

では、内的妥当性の問題はどうでしょうか？

この答えは、パネル・データ分析の精度に依存します。

前章までで解説したように、パネル・データ分析では「平行トレンドの仮定」という大きな仮定が成り立つ場合にのみ、因果関係を主張することができます。そのため、この事例のような状況で内的妥当性と外的妥当性の両方を加味した場合、RCTとパネル・データ分析のどちらが良いかは一概には判断できず、データ分析者による慎重な検討が必要になってくるのです。

外的妥当性の問題は、経済学の研究上でも最先端の問題の一つであり議論が続いています。外的妥当性のない分析は役に立たない、という主張をする研究者もいます。しかし、多くの研究者は、自分たちにできることは内的に妥当な結果を積み重ねていくことだ、と考えています。まずは内的妥当性のある分析結果（つまり、分析の対象となったデータに関する信頼のできる因果関係）を導くことが第一歩であり、そのステップなしに外的妥当性の議論へは移れないという論調です。

本書では内的妥当性に重点を置いた議論を展開してきたので、本節では外的妥当性の重要性にも触れたいと考えました。

3 「出版バイアス」と「パートナーシップ・バイアス」という問題

外的妥当性の問題と関連して「出版バイアス」と「パートナーシップ・バイアス」と呼ばれる問題が存在します。

出版バイアス（publication bias）とは、以下のような状況で起こるバイアス（偏り）を示します。ある研究者が「XがYへ及ぼした影響」という因果関係を検証したとしましょう。そして分析の結果、影響はゼロだった、つまり因果関係は皆無だったという発見が出てきたとします。本来、この結果自体が有用な科学的発見のはずです。

しかし、この研究者が「因果関係がゼロだったという結果は、学術論文として売り出しにくい」と判断してしまったとしましょう。少なくとも経済学の世界では、こういった考え方は良くないという見方が広がりつつあり、効果がゼロという発見も大事な発見だと捉えられています。しかし、こういった風潮は、論文を書く側にも、そして論文を評価する側にも完全になくなっているとは言い切れません。

さて、このような出版バイアスが存在すると、どんな問題が起こるでしょうか？ 例として、ＲＣＴが使われた研究を考えてみましょう。まず、実験設計の段階で研究者は「ＸがＹに影響するであろう」状況下で実験を試みる誘惑にかられてしまいます。

例えば、ある消費者のグループを対象とした実験をすると効果が出そうになく、別の消費者グループを対象とすると効果が強く出そうだ、という先入観があったとします。すると、効果が出そうな消費者を実験の対象とする、という発想につながる可能性があります。

データ分析者が効果のありそうな特殊なケースばかりを狙ってＲＣＴを行ったとすれば、当然ながら、他の地域や他の消費者に対しては思ったほどの効果が出てこないことになります。つまり、出版バイアスは、外的妥当性に関して脆弱《ぜいじゃく》なデータ分析を誘発してしまうのです。

仮に実験の対象を選ぶ際に出版バイアスが影響しないとしても、出版に向けた作業にバイアスが生じ得ます。

先述したように、科学として本来あるべき姿は「効果がゼロだったケース」についても論文として発表し、研究成果として世の中に残すべきです。しかし、論文を書く側や論文を精査する側が「効果がなかった」という論文は出版しにくいと判断した場合、こういった研究結果がお蔵入りして、世の中に出てこない可能性が高まるのです。

また、出版バイアスとは別に、**パートナーシップ・バイアス**という問題も生じる可能性があります。

前章において、実りのあるデータ分析をする一つの鍵として、データ分析専門家と企業・政府機関とのパートナーシップを挙げました。ニューヨーク大学のハント・アルコット助教授（Hunt Allcott）が示したのは、データ分析専門家が「協力してくれそうなパートナー」ばかりを優先的に選んでＲＣＴなどの分析を行ったとすると、外的妥当性から見てバイアスがある（つまり、偏りのある）分析結果が出てくるという点です（Allcott, 2015）。

例えば、第２章で紹介した社会システム実験を思い出してください。実験ができた地域とは、パートナーとして協力を申し出てくれた自治体です。この事業に協力を惜しまなかった地域や地域の方たちは、スマートグリッド事業に対して意欲が高かった可能性があります。もしそうであれば、このＲＣＴから得られた結果は、比較的スマートグリッドに関心がある地域や世帯への介入効果だったと解釈できます。もしその介入効果が他の地域（つまり比較的関心の低い地域）の介入効果と異なる場合、この実験から出てきた結果は外的妥当性に乏しいことになります。つまり、パートナーを選ぶという過程自体が研究者の思惑や分析の実現可能性に影響される限り、パートナー選びが分析の外的妥当性に影響を与えてしまうのです。

4 介入に「波及効果」が存在する場合の注意点

本章で紹介したＲＣＴや自然実験の基本は、介入グループと比較グループという考え方でした。第２章で解説したように、ＲＣＴの場合、適切な実験設計をすれば、２つのグループに表れた結果の差を比較することで「ＸがＹへ及ぼした」介入効果を分析することができます。

以上の議論が成り立つためには、厳密に言うと第２章で触れた仮定以外に追加的な仮定が必要です。この追加的な仮定とは「**介入グループに介入を与えることが、比較グループには影響しない**」というものです。一見すると当然のごとく成り立ちそうな仮定なのですが、実験設計に気をつけないと、この仮定が崩れることがあります。

例えば、第１章で触れた「子供に無償でパソコンを支給すると成績が上がるのか」という問題を考えてみましょう。仮に、50人のクラスのうち、30人を介入グループに割り振り、残りの20人を比較グループとしたとしましょう。

もしパソコンを支給された30人が、支給されなかった20人に対してパソコンを使わせてあげたらどうなるでしょうか？　本来は比較グループであった20人も、パソコンによる便益を受けてしまうことになります。

この例のような事象を、**介入の波及効果**（spillover effect）と呼びます。本来は介入グループだけに便益があると思われたものが、比較グループへも何らかの形で波及してしまうという現象です。介入の波及効果が存在する場合、比較グループは純粋な意味での比較グループではなくなってしまいます。そのため、介入グループと比較グループの結果の差を比較しても、介入効果を正しく推定できなくなってしまうのです。

この事象はＲＣＴに限ったことでありません。例えば第３章で紹介したＲＤデザインでも、介入グループが受けた介入が比較グループへも影響してしまう例を考えることができます。第５章で紹介したパネル・データ分析でも同様です。

では、実験設計者はこの問題に対してどのような対策ができるのでしょうか？

第一にできる対策は、介入グループとなる対象群をどのレベルに設定するのか、注意深く考えることです。

例えば、パソコン支給政策の介入効果を正しく評価するためには、どういった介入グループの作り方が適切でしょうか？　米州開発銀行がこの政策を評価した際、介入グループは学生単位ではなく、学校単位で作られました（Cristia et al., 2012）。つまり、学校内でグループが分けられたのではなく「介入を受ける学校」と「比較グループとなる学校」というグループ分けがなされたのです。このやり方だと、介入を受けた学校では、全ての学生がパソコンを無償支給されます。すると、先述したような学校内における波及効果の心配はなくなります。

依然として「介入グループの学校に通う学生と、比較グループの学校に通う学生とがパソコンを共有したら波及効果の問題が出てくるのでは」という懸念は残りますが、学校内での波及効果に比べると実際には起こりにくい問題と言えます。

さらに、第二の解決方法として考えられるのは、介入効果の分析に加えて「介入の普及効果」の分析自体も別個にできるような実験設計を行うことです。介入の種類によっては、波及効果自体が分析者にとって関心対象になることもあるので、こういったやり方は有用です。

この例として挙げられるのが、マサチューセッツ工科大学のエスター・デュフロー教授（Esther Duflo）とカリフォルニア大学バークレー校のエマニュエル・サエズ教授が検証した、年金プランの情報提供に関する研究です（Duflo and Saez, 2003）。この実験では様々な分析が行われているのですが、一部だけを紹介します。

この実験の対象となったのはある大学の先生たちです。この大学では、ある年金プランに関する説明会が毎年開かれていました。この実験で介入グループに入った先生たちは、説明会に参加すると20ドル（約２０００円）を受け取ることができると伝えられました。

サエズ教授とデュフロー教授が工夫を凝らしたのは、介入グループの設計です。まず、大学内にある３３０の学部を介入学部と比較学部にランダムに分けました。次に、介入学部に所属する先生たちを、さらにランダムに介入グループと比較グループに分けたのです。つまり、実際に介入を受けたのは、介入学部に所属し、かつ介入を受ける個人として選ばれた先生だけです。

その上で、以下の３つのグループについて、説明会への参加率が調べられました。

①比較学部に所属する先生たち
②介入学部に所属し、介入を受けた先生たち
③介入学部に所属し、介入を受けなかった先生たち

まず、①と②のグループを比較することで「介入を受けた個人は、介入を受けなかった個人よりも説明会への参加率が高かった」ということが示されました。つまり、20ドルの介入が説明会への参加率を上げたのです。

次に介入の波及効果についての分析が行われました。もしも介入に波及効果がなければ、①と③の説明会参加率は同じになるはずです。逆に言えば、もしも③の参加率が①に比べて高かった場合、③と①の参加率の差自体が波及効果を示すということです。実際、このRCTでは③の参加率が①を上回りました。

サエズ教授とデュフロー教授は、これは職員から職員への波及効果があったためだと解釈しています。つまり、介入学部に所属した先生は、たとえ自分自身が介入を受けなくとも、介入を受けて説明会に行こうと考えた同僚に感化されて（もしくは誘われて）説明会へ足を運んだのでは、という解釈です。

このように実験設計を工夫すると、波及効果を省いた純粋な介入効果（①の参加率と②の参加率との差）と波及効果（①の参加率と③の参加率との差）の両方を分析することができます。

５　一般均衡的な効果が存在する場合の注意点

予算の制約などの関係上、ＲＣＴは比較的小さな規模で行われることが多いものです。しかし、小さな規模で行った実験の結果が、大規模に行われる実際の政策介入と同様の結果を生むかどうかについては慎重な検討が必要です。

教育分野の具体例を使って考えてみましょう。

日本と同様、アメリカでも少人数学級は子供の教育のために良いのか、という問題は長い間議論されてきました。

この問いに答えるため、１９８６年にテネシー州で79の小学校を対象としたＲＣＴが行われました。79の小学校のうちランダムに選ばれた学校が少人数学級（１クラス13人から17人）に移行し、残りの学校は通常通りの学生数（１クラス22人から25人）に留《とど》まりました。その結果、少人数学級にすると、生徒の平均成績が上がる、という結果が示されました。つまり、少人数学級が子供の成績を上げることが因果関係として示されたのです。

この結果を受けて、他州でも少人数学級に向けた動きが加速しました。例えばカリフォルニアでは、１９９６年に新たな法律が制定され、当時の額で１００億ドル（約１兆円）をかけて少人数学級拡大の政策が導入されました。ところが、この政策を評価した分析によると、カリフォルニアの少人数学級政策は、テネシー州の結果に比べて非常に小さな効果しか出なかった、ということがわかりました。

テネシー州のＲＣＴとカリフォルニア州の結果に違いが出た理由は、少なくとも３つの可能性があります。

１つ目の可能性は、カリフォルニア州の政策評価を行った分析自体が信頼性に乏しく、そもそも分析結果が正しくない可能性があるということです。テネシー州の実験はＲＣＴとして行われたので因果関係が科学的に明らかにされています。一方、カリフォルニア州の政策は州全体で行われ、ＲＣＴは行われなかったため、分析結果の信頼性はＲＣＴに比べて低いものになってしまいました。

２つ目の可能性は本章の最初で述べた「外的妥当性」の問題です。テネシー州とカリフォルニア州では学生、教師、教育システムなど、あらゆる面で違いがあり、テネシー州の結果をカリフォルニア州の学校にそのまま適用できるかというと、難しいかもしれません。

３つ目の理由は「カリフォルニアの政策変更は大規模だったので、様々なものを変えてしまった可能性がある」という点です。例えば、少人数学級が増えると学級数が増え、教師の数がたくさん必要になります。すると、教員を目指す人の数が増えない限り、教員採用試験の合格基準値が低くなり、教師の平均的な質が下がる可能性があります。このような状況下では、

少人数学級の実施をカリフォルニア州全域で行う→教師が足りなくなる→今までは採用されなかった教師も雇われる→平均的な教師の質が落ちる→子供の教育へ悪影響が出る

ということが起こり得ます。

通常の小規模なＲＣＴでは、介入は実験内で想定されていた変数にだけ影響すると考えられます。例えば、テネシー州の実験では、少人数学級という介入が生徒の成績に影響するという、直接的な関係性だけを見ており、先生の数や質を変えることまでは想定されていませんでした。

しかし、実際の政策において介入が広範囲に行われた場合、介入が想定されなかった要素へも影響を及ぼすことがあります。その例が先の「少人数学級の実施をカリフォルニア州全

域で行う→教師が足りなくなる」という可能性です。経済学ではこのような事象を「**一般均衡的な効果が存在する**」と言います。

小規模で行われたＲＣＴでは、一般均衡的な効果までを調べることは難しいものです。そのため、比較的小規模なＲＣＴや自然実験で得られた結果を大規模な政策変更の参考材料としたい場合、一般均衡的な効果が発生するかどうかに関して注意深く考えることが重要です。

第7章のまとめ

・どのようなデータ分析手法にも不完全性や限界があることを認識しておくことが重要である

・データ分析の結果が分析で対象とされた主体以外へも適用可能なのか、という「外的妥当性」の問題は非常に重要であり、外的妥当性と内的妥当性の両方を加味した場合、どの分析手法が優れているかは状況によって異なってくる

・データ分析の結果には「出版バイアス」や「パートナーシップ・バイアス」とい

う問題が出てくるため、データ分析者やデータ分析のパートナーの意に沿わない結果は世の中に出てきにくい、という問題が生じる

・介入グループに施した介入が比較グループへも「波及効果」を持つ場合は注意が必要である

・介入が一般均衡的な効果を生み出す場合、小規模の実験の結果と大規模な政策の結果が異なる場合があり得るので、ＲＣＴや自然実験で得られた成果を大規模な介入の導入へ生かす際には熟慮が必要である

第8章 さらに学びたい方のために：参考図書の紹介

「はじめに」で述べた通り、本書は、データ分析についての専門家ではない方へ向けて、新書レベルの入門書として執筆したものです。そのため、数式は使わず、図表、直感、具体例を用いて解説してきました。前章までを読み終えて、「直感は理解できた。もっと詳しいことを知ってみたい」と思われる方がいらっしゃるかもしれません。

また、本書では、数理統計的に高度な知識が要求される分析手法（操作変数法、マッチング推定法、合成対照群法、離散選択推定法、構造推定法など）については割愛しています。これらの手法は時に非常にパワフルであり、本書で紹介した手法では解決できない問題を解決してくれることもあります。こういった手法は、残念ながら数式の使用なしでの説明は難しいため、本書での掲載は諦めました。

さらに、本書は因果関係分析の基本である介入効果の平均値分析に焦点を当てて書かれています。因果関係分析の次のステップとしては、介入効果の分布や推定された推定量の統計的性質（例えば標準誤差や信頼区間など）の分析があります。これらも、残念ながら数式の使用なしでの説明は難しいため、本書での掲載は諦めました。

そのため、本章ではさらに読み進めてみたい方への推薦書について解説を行いたいと思います。本書の内容は、学術的には「計量経済学」と呼ばれる分野に属します。本書を計量経済学の書物の中に位置づけるとすれば、「実践的データ分析に焦点を当てた、計量経済学への超入門書」です。そのため、基礎からしっかりと勉強を始めてみたい、という方は計量経済学の入門書から入り、中級、上級書へとステップアップしていくのがよいでしょう。

計量経済学の実践的側面に焦点を当てた日本語の入門書

本書の次のステップとしては、経済学部生が学ぶ計量経済学テキストの入門書が良いのですが、バックグラウンドがない方が最初から理論や数式が多すぎるものに入ってしまうと、計量経済学や統計学が嫌いになってしまうかもしれません。そのため、まずは実践的な側面に焦点を当てた入門書から入るのが一つの方法です。

以下の書籍は、数式の使用は最小限に押さえているため、本書の次の学習書としては最適と思います。

『「原因と結果」の経済学――データから真実を見抜く思考法』中室牧子・津川友介、ダイ

ヤモンド社、２０１７年
『実証分析のための計量経済学』山本勲、中央経済社、２０１５年
『計量経済学の第一歩――実証分析のススメ』田中隆一、有斐閣ストゥディア、２０１５年
『実証分析入門――データから「因果関係」を読み解く作法』森田果、日本評論社、２０１４年

この4冊の中では『「原因と結果」の経済学』が最も本書に近いレベルで書かれています。本書で割愛した「操作変数法」や「マッチング推定法」の解説も盛り込まれており、経済学研究の様々な具体例も紹介されています。

次の3冊はもう少し数式を使って書かれていますが、通常の計量経済学の教科書に比べると平易に書かれている本ですので、本書を読み終えたあとであれば十分読み進めることのできる教科書です。『実証分析入門』は経済学だけではなく、他の社会科学の実例も盛り込まれています。また『実証分析のための計量経済学』と『計量経済学の第一歩』の2冊は、入門から始まりつつも中級レベルの理論にも触れているため、本書のような超入門書から次節で紹介する中級書への橋渡しとして適する本だと思います。

入門書を読み終えた後の中級書（経済学部の学部生レベル）と上級書（大学院レベル）

さて、以上の入門書を終えた後は、中級、上級書へとステップアップするわけですが、その課程で大切になってくるのは、①計量経済学理論の理解、②具体的な応用例の紹介、③データ分析の練習、という3点セットを、バランスよく習得させてくれるような教科書を選ぶことです。

この点に関しては、現在のところ英語で書かれている書物が和書よりも格段に良い状況だと著者は感じています。その理由の一つは、アメリカの経済学部の学生は計量経済学の理論的・実践的トレーニングをきっちりと受けるため、全米で大きな需要があり、教科書間での競争も激しいためです。

英語の本を読み進めるのは最初は大変ですが、計量経済学の書物は英語で書かれているもののほうが実用的な具体例を豊富に取り入れているため、読んでいて楽しいものが多いです。さらに、理論的な練習問題や、実際に統計ソフトを使ってデータ分析ができるような練習問題が豊富についていることも英語の教科書の強みです。英語が苦ではない、もしくは英語の本に取り組んでみたい方へは以下の本をお薦めします。

入門的理論を学び、実践につながる基礎を築きたい方は、アメリカの経済学部生が使っているWooldridge(2015)がお薦めです。具体例が豊富で、計量経済学手法の入門から始まり、アメリカの経済学部上級生くらいまでの分野をカバーしてくれます。統計学の知識が足りない場合でも、巻末付録が充実しているので同時に勉強できます。

【経済学部の1年生から3年生レベル】

Wooldridge, Jeffrey M. Introductory econometrics: A modern approach. Nelson Education, 2015.

Wooldridge(2015)の次の教科書としては、Angrist and Pischke (2008)がお薦めです。学部レベルと大学院レベルの橋渡しをしてくれるような教科書と思っていただくとよいと思います。

【経済学部上級生レベル】

Angrist, Joshua D., and Jörn-Steffen Pischke. Mostly harmless econometrics: An empiricist's companion. Princeton University Press, 2008.

上級編としての教科書もたくさん良い本があるのですが、私がシカゴ大学の博士課程学生向けに現在使用している教科書はこちらです。上級書の中では実践者向けに書かれている点が良く、それでいて理論的説明もしっかりと書かれています。

【上級書：経済学部大学院レベル】

Cameron, A. Colin, and Pravin K. Trivedi. Microeconometrics: methods and applications. Cambridge University Press, 2005.

計量経済学の本格的な学習は易しいものではありませんが、データ分析の技術を身につけて、自らの手で様々な分析手法ができるようになっていく過程は非常に楽しいものです。この新書をきっかけに計量経済学の本を手に取る方が増え、多くの方にデータ分析の楽しさを知っていただければ嬉しく思います。

あとがき

著者が研究者の道を志すきっかけになったのは、高校時代に出会ったある新書の存在でした。当時、バスケ部の練習ばかりに明け暮れていた著者は、あまり考える時間のない中で「文理選択」というよくわからないものを迫られることに戸惑いを感じていました。そんな中、部活の合間の時間に読んだ『環境経済学への招待』(植田和弘著、丸善ライブラリー)という新書に感銘を受け、救われた思いがしました。日本の環境経済学の草分け的存在である植田和弘先生は、高校生にでも分かるレベルの容易さで環境経済学という文理横断の学問について楽しく書かれていました。

それゆえ、本書を書くにあたっては中高生からでも十分読み進められる入門書という側面を重視しました。前記の植田先生の書物ほどその目的が達成できたかどうかはわかりませんが、「データ分析」ということに馴染みのない方にも手にとっていただける入門書となっていれば嬉しく思います。

本書を書くきっかけを作ってくださったのは大学時代からの友人でもある古屋荘太さんです。２０１４年10月にボストン日本人研究者交流会で講演した内容を見せたところ、これは書物にして幅広い方に読んでもらう価値があるのでは、という判断をしてくださいました。私自身の転勤なども重なり、２０１４年冬以降の執筆作業に予想以上の時間がかかってしまいましたが、古屋さんからは継続的なサポートをいただきました。

また、本書の推敲に当たっては民間企業、官公庁、大学などに所属する様々な方から貴重なご意見をいただきました。特に、初期の原稿へコメントを寄せていただきました、青木昌彦、有本寛、伊神満、依田高典、伊藤智之、市村英彦、海老原史明、岡崎康平、海道宏明、小島武仁、小林庸平、重岡仁、高林祐也、侍留啓介、白石賢司、田中伸介、田中誠、津田広和、手島健介、中村智明、中村潤、中村優、永元哲治、成田悠輔、福井和樹、藤原和幸、西原啓史、山崎香織、横尾英史（敬称略）の皆様にはこの場を借りて御礼申し上げます。

本書で紹介した著者の研究事例は、所属研究機関であるシカゴ大学、及び兼務研究機関である全米経済研究所（ＮＢＥＲ）、経済産業研究所（ＲＩＥＴＩ）、京都大学大学院経済学研究科プロジェクトセンターからの支援を受けて行われたものです。さらに、本書の編集作業に当たっては、光文社新書編集部の三宅貴久さん、森坂瞬さんを始めとする編集部の皆様に大変お世話になりました。この場を借りて御礼申し上げます。

研究者という職業は「趣味を仕事にしたようなもの」という幸せな側面もありますが、競争的な環境下で継続的な研究成果を求められるのは身体的にも精神的にも楽ではありません。そういった意味で、家族のサポートなしでは本書の刊行もなかったと感じています。本書の草稿にも詳細なコメントを寄せ、日々様々な形でのサポートをしてくれた妻に感謝します。

伊藤公一朗

2013. "Taxation and International Migration of Superstars: Evidence from the European Football Market." *American Economic Review*, 103(5): 1892-1924.

Mian, Atif, and Amir Sufi. 2012. "The Effects of Fiscal Stimulus: Evidence from the 2009 'Cash for Clunkers' Program." *The Quarterly Journal of Economics*, vol. 127(3)1107-1142.

Quinn, Graham E., Chai H. Shin, Maureen G. Maguire, and Richard A. Stone. 1999. "Myopia and ambient lighting at night." *Nature*, 399(6732): 113-114.

Rubin, Donald B. 1974. "Estimating causal effects of treatments in randomized and nonrandom ized studies." *Journal of educational Psychology*, 66(5): 688.

Saez, Emmanuel. 1999. "Do Taxpayers Bunch at Kink Points?" *National Bureau of Economic Research Working Paper Series*, No. 7366.

Saez, Emmanuel. 2010. "Do Taxpayers Bunch at Kink Points?" *American Economic Journal*: Economic Policy, 2(3): 180-212.

Shigeoka, Hitoshi. 2014. "The Effect of Patient Cost Sharing on Utilization, Health, and Risk Protection." *American Economic Review*, 104(7): 2152-84.

植田和弘（1998）『環境経済学への招待』丸善ライブラリー

依田高典・田中誠・伊藤公一朗（2017）『スマートグリッド・エコノミクス：フィールド実験・行動経済学・ビッグデータが拓くエビデンス政策』有斐閣

Cristia, Julian, Ana Santiago, Santiago Cueto, Pablo Ibarraran, and Eugenio Severio. 2012. "Technology and Child Development: Evidence from the One Laptop per Child Program." *IDB Working Paper Series* 304.

Duflo, Esther, Rachel Glennerster, and Michael Kremer. 2007. "Chapter 61 Using Random ization in Development Economics Research: A Toolkit."In *Handbook of Development Economics*. Vol. 4, ed. T. Paul Schultz and John. Strauss, 3895-3962. Elsevier.

Heller, Sara B., Anuj K. Shah, Jonathan Guryan, Jens Ludwig, Sendhil Mullainathan, and Harold A. Pollack. 2015. "Thinking, Fast and Slow? Some Field Experiments to Reduce Crime and Dropout in Chicago." *NBER Working Paper*, 21178.

Holland, Paul W. 1986. "Statistics and Causal Inference". *Journal of the American Statistical Association*. 81 (396): 945–960.

Ito, Koichiro. 2014. "Do Consumers Respond to Marginal or Average Price? Evidence from Nonlinear Electricity Pricing." *American Economic Review*, 104(2): 537-563.

Ito, Koichiro. 2015. "Asymmetric Incentives in Subsidies: Evidence from a Large-Scale Electricity Rebate Program." *American Economic Journal: Economic Policy*, 7(3): 209-237.

Ito, Koichiro, and James M. Sallee. Forthcoming. "The Economics of Attribute-Based Regulation: Theory and Evidence from Fuel-Economy Standards." *Review of Economics and Statistics*.

Ito, Koichiro, Takanori Ida, and Makoto Tanaka (2017) "Moral Suasion and Economic Incentives: Field Experimental Evidence from Energy Demand," Forthcoming in *American Economic Journal: Economic Policy*.

Kleven, Henrik Jacobsen. 2016. "Bunching." *Annual Review of Economics*, 8(1): 435-464.

Kleven, Henrik Jacobsen, Camille Landais, and Emmanuel Saez.

引用文献

Allcott, Hunt. 2015. "Site Selection Bias in Program Evaluation." *The Quarterly Journal of Economics*, 130(3): 1117-1165.

Anderson, Michael L., and Maximilian Auffhammer. 2014. "Pounds That Kill: The External Costs of Vehicle Weight." *The Review of Economic Studies*, 81(2): 535-571.

Aroonruengsawat, Anin, and Maximilian Auffhammer. 2011. "Impacts of climate change on residential electricity consumption: evidence from billing data." The Economics of climate change: Adaptations past and present. *University of Chicago Press*. 311-342.

Borenstein, Severin. 2012. "The Redistributional Impact of Nonlinear Electricity Pricing," *American Economic Journal: Economic Policy*, vol. 4, no. 3, pp. 56–90.

Chetty, Raj, John N. Friedman, Tore Olsen, and Luigi Pistaferri. 2011. "Adjustment Costs, Firm Responses, and Micro vs. Macro Labor Supply Elasticities: Evidence from Danish Tax Records." *The Quarterly Journal of Economics*, 126(2): 749-804.

Chetty, R., A. Looney, and K. Kroft. 2009. "Salience and taxation: Theory and evidence." *American Economic Review*, 99(4): 1145-1177.

Chong, Howard. 2012. "Building vintage and electricity use: Old homes use less electricity in hot weather." *European Economic Review* 56(5): 906-930.

Cohen, Peter, Robert Hahn, Jonathan Hall, Steven Levitt, and Robert Metcalfe. 2016. "Using Big Data to Estimate Consumer Surplus: The Case of Uber." *NBER Working Paper*, 22627.

Duflo, Esther and Emmanuel Saez. 2003. "The Role of Information and Social Interactions in Retirement Plan Decisions: Evidence from a Randomized Experiment." *Quarterly Journal of Economics*, 118(3):815–842.

最後の式のうち、τ^{ATET}以外の部分は「介入グループがもしも介入を受けなかった場合のYの平均変化量（トレンド）」と「比較グループがもしも介入を受けなかった場合のYの平均変化量（トレンド）」を示しています。後者は観察できますが、前者は観察できません。なぜなら、介入グループは実際には介入を受けているためです。

最後の式からわかるように、差分の差分法を用いて$\tau^{DD}=\tau^{ATET}$であると主張するためには、最後の式のτ^{ATET}以外の部分がゼロでなければなりません。そのため、ここで必要になる仮定とは、「介入グループがもしも介入を受けなかった場合のYの平均変化量（トレンド）」と「比較グループがもしも介入を受けなかった場合のYの平均変化量（トレンド）」が等しくなる（つまり第5章で述べた「平行トレンドの仮定」）ということになるのです。

$$
\begin{aligned}
\tau^{DD} =& (E[Y_{i,t_1}^{T} | D_i=1] - E[Y_{i,t_1}^{C} | D_i=0]) \\
& - (E[Y_{i,t_0}^{C} | D_i=1] - E[Y_{i,t_0}^{C} | D_i=0]) \\
=& (E[Y_{i,t_1}^{T} | D_i=1] - E[Y_{i,t_1}^{C} | D_i=1]) \\
& + E[Y_{i,t_1}^{C} | D_i=1] - E[Y_{i,t_1}^{C} | D_i=0] \\
& - (E[Y_{i,t_0}^{C} | D_i=1] - E[Y_{i,t_0}^{C} | D_i=0]) \\
=& (E[Y_{i,t_1}^{T} | D_i=1] - E[Y_{i,t_1}^{C} | D_i=1]) \\
& + (E[Y_{i,t_1}^{C} | D_i=1] - E[Y_{i,t_0}^{C} | D_i=1]) \\
& - (E[Y_{i,t_1}^{C} | D_i=0] - E[Y_{i,t_0}^{C} | D_i=0]) \\
=& \tau^{ATET} + (E[Y_{i,t_1}^{C} | D_i=1] - E[Y_{i,t_0}^{C} | D_i=1]) \\
& - (E[Y_{i,t_1}^{C} | D_i=0] - E[Y_{i,t_0}^{C} | D_i=0])
\end{aligned}
$$

かなり複雑そうに見える式ですが、式の途中で行っている変換は、足し算と引き算のみです。最後の式のうち、τ^{ATET}は「介入を受けた人に対する平均介入効果」と呼ばれます。数学的には

$$
\tau^{ATET} = E[Y_{i,t_1}^{T} | D_i=1] - E[Y_{i,t_1}^{C} | D_i=1] = E[Y_{i,t_1}^{T} - Y_{i,t_1}^{C} | D_i=1]
$$

と定義されます。ATET は ATE とは異なります。ATE は期待値の最後に $D_i=1$ という条件がつきません。つまり、ATE は介入を受けなかった人も含めた、全ての対象に対する、より広い概念での平均介入効果であるということです。一方、ATET はあくまでも介入を受けた人に対する平均介入効果です。例えば、「もしも比較グループの人が介入を受けたら、比較グループの人の平均介入効果はどのような値になるのか」という問いがあったとしましょう。この際、RCT から得られた値は、先述したように ATET でありかつ ATE でもあるので、この値を比較グループの平均介入効果にも適用可能です。しかし、差分の差分法から得られた ATET は追加的な仮定を置かない限りは ATE とは一致しないので、比較グループの人に介入を行った場合の平均介入効果とは解釈できません。

化が正確に行われれば、$E[X|D_i=1]=E[X|D_i=0]$が成立するはずなので、収集した観測できる変数Xについてこのことを確認する作業が有用になるのです。

9）補足：非干渉性の仮定

厳密に言えば、以上の議論は非干渉性 (Non-interference) という仮定が成り立っていることを前提としています。この仮定は「個人iの結果（Y_i^TとY_i^C）はiが介入を受けるかどうかだけに依存し、他の個人が介入を受けるかどうかには依存しない」という仮定です。非干渉性が崩れる例の一つが本文でも触れた介入の波及効果です。波及効果が発生する場合、iではない誰かが介入を受けたことがiの結果に影響してしまうことになるためです。

10）補足2：パネル・データ分析（第5章）における差分の差分法（Difference-in-differences method）での「平行トレンドの仮定」

ここまでの考え方を応用すると、第5章で紹介したパネル・データ分析における差分の差分法（Difference-in-differences method）での「平行トレンドの仮定」についても数学的に示すことができます。

介入が起こる前の時期をt＝0、介入後の時期をt＝1と表します。その両時期において、介入グループと比較グループ両方についてのデータが入手できるとします。また、t＝0とt＝1において、介入を受けた場合の個人iの結果を$Y_{i,t0}^T$と$Y_{i,t1}^T$で示し、介入を受けなかった場合の個人iの結果を$Y_{i,t0}^C$と$Y_{i,t1}^C$で示すこととします。また、これまでと同様、個人iが介入グループに属する場合を$D_i=1$と示し、個人iが比較グループに属する場合を$D_i=0$と示します。

すると、差の差の計算をして得られる値（τ^{DD}）は以下のように書くことができます。

さらに、ランダムなグループ分けを行うと、期待値だけではなく、Yの分布F（Y）についても以下の関係を示すことができます。

$$F(Y_i^C \mid D_i=1)=F(Y_i^C \mid D_i=0)=F(Y_i^C)$$
$$F(Y_i^T \mid D_i=0)=F(Y_i^T \mid D_i=0)=F(Y_i^T)$$

つまり、YのDに関しての条件つき分布は、単なるYの分布と等しくなるのです。よって、ランダム化はYの平均値だけではなく、中間値やパーセンタイルなど他の分布情報についても「もしも介入を受けなかった場合は、介入グループの結果の分布と比較グループの結果の分布は等しくなる」という性質をもたらすのです。

8）ランダム化は観測できる個人属性の変数Xや、実際には起こらなかった属性Uについても同様の性質をもたらす

観測できる個人属性の変数Xや、実際には起こらなかった属性Uについて考えてみます。ここで、グループ分けがランダムに行われた場合を考えてみます。ランダムなグループ分けを行うと、以下の性質が成り立ちます。

$$E[X \mid D_i=1]=E[X \mid D_i=0]=E[X]$$
$$E[U \mid D_i=1]=E[U \mid D_i=0]=E[U]$$

つまり、D_iの割り付けがランダムである場合、D_iで条件づけることは期待値計算の際に追加的な情報をもたらさないので、観測できる個人属性の変数Xや、実際には起こらなかった属性Uについても条件つき期待値は単なる期待と等しくなるのです。

第2章でランダム化が正確に行われたかの確認をするための作業として、介入グループと比較グループの個人属性が平均的に等しくなることを分析すべきであることを述べました。これは、ランダム直感的にはD_iの割り付けがランダムである場合、D_iで条件づけることは期待値計算の際に追加的な情報をもたらしてくれないため、条件つき期待値は通常の期待値と等しくなるのです。

この数式のもう一つの解釈としては、グループ分けはランダムであるため、「介入を受けた場合の期待値」はグループ間で等しくなり、「介入を受けなかった場合の期待値」もグループ間で等しくなる、という解釈です。

6）ランダム化を行うとτ^Dはτ^{ATE}と一致する

さて、介入グループの平均値と比較グループの平均値の差であるτ^Dは、通常はτ^{ATE}とは一致しないことは述べました。しかし、ランダム化による条件つき期待値の関係を使うことで以下のことが示されます。

$$
\begin{aligned}
\tau^D &\equiv E[Y_i^T \mid D_i=1] - E[Y_i^C \mid D_i=0] \\
&= E[Y_i^T - Y_i^C \mid D_i=1] + E[Y_i^C \mid D_i=1] - E[Y_i^C \mid D_i=0] \\
&= E[Y_i^T - Y_i^C \mid D_i=1] \\
&= E[Y_i^T - Y_i^C] \\
&\equiv \tau^{ATE}
\end{aligned}
$$

つまり、ランダム化をすれば、介入グループの平均値と比較グループの平均値の差であるτ^Dはτ^{ATE}と一致することが示されました。以上の証明が「ランダムにグループ分けをすることで平均介入効果を推定できる」ということの数学的根拠です。

7）ランダム化はＹの平均値だけではなく分布についても同様の性質をもたらす

最後の式の $E[Y_i^C \mid D_i=1]-E[Y_i^C \mid D_i=0]$ は自己選抜バイアスと呼ばれます（self-selection bias）。自己選抜バイアスは、介入グループに属する個人が介入を受けなかった場合の期待値と、比較グループに属する個人が介入を受けなかった場合の期待値の差を示しています。この値は必ずしもゼロとなるわけではないことに注意が必要です。また、自己選抜バイアスは2つの期待値の差として定義されているため、そもそも自己選抜バイアスが存在する場合は、データの観測数が増えてもゼロに収束することはないことが証明できます。

$E[Y_i^T - Y_i^C \mid D_i=1]$ は、介入グループに属する個人に対する平均介入効果（ATET: Average Treatment Effects on the Treated）です。この値を τ^{ATET} と示すことにします。

τ^D が τ^{ATET} と等しくなるための条件は、自己選抜バイアスがゼロである場合です。つまり、$E[Y_i^C \mid D_i=1]=E[Y_i^C \mid D_i=0]$ が条件となります。つまり「もしも介入を受けなかった場合は、介入グループの結果の期待値と比較グループの期待値が等しくなる、という条件」です。これが、第2章で触れた、介入グループと比較グループによって因果関係を解明するために必要となる仮定です。

5）ランダム化がもたらすもの

ここで、グループ分けがランダムに行われた場合を考えてみます。つまり、D_i の値がランダムに割り付けられた場合です。この場合、D_i の割り付けはランダム（無作為）であるため、D_i により条件づけられた条件つき期待値は、条件つきではない通常の期待値と等しくなります。つまり、数学的には以下のことが成り立ちます。

$$E[Y_i^C \mid D_i=1]=E[Y_i^C \mid D_i=0]=E[Y_i^C]$$
$$E[Y_i^T \mid D_i=1]=E[Y_i^T \mid D_i=0]=E[Y_i^T]$$

$$\tau^{ATE} \equiv E[Y_i^T - Y_i^C]$$

数式内のＥは期待値を示します。問題は、どのようにすればτ^{ATE}をデータから計算することが可能なのか、という点です。

3）介入グループの結果と比較グループの結果の差を定義する

ここで、分析者は介入を受ける介入グループと、介入を受けない比較グループを作ることができるとします。介入グループに属する個人を$D_i=1$、比較グループに属する個人を$D_i=0$と示します。すると、介入グループの結果の期待値と比較グループの結果の期待値の差（τ^D）は以下のように表すことができます。

$$\tau^D \equiv E[Y_i^T \mid D_i=1] - E[Y_i^C \mid D_i=0]$$

数式上の$E[Y_i^T \mid D_i=1]$は、条件付き期待値を示します。つまり、介入グループに属する個人（$D_i=1$）が介入を受けた場合の期待値$E[Y_i^T \mid D_i=1]$と、比較グループに属する個人（$D_i=0$）が介入を受けなかった場合の期待値$E[Y_i^C \mid D_i=0]$の差によってτ^Dが定義されることになります。

4）自己選抜バイアス（self-selection bias）

ここで注意したいのは、τ^{ATE}とτ^Dは必ず一致するわけではないという点です。この点を示すため、以下のようにτ^Dを分解します。

$$\begin{aligned}\tau^D &\equiv E[Y_i^T \mid D_i=1] - E[Y_i^C \mid D_i=0]\\ &= E[Y_i^T \mid D_i=1] - E[Y_i^C \mid D_i=0] + E[Y_i^C \mid D_i=1] - E[Y_i^C \mid D_i=1]\\ &= E[Y_i^T - Y_i^C \mid D_i=1] + E[Y_i^C \mid D_i=1] - E[Y_i^C \mid D_i=0]\end{aligned}$$

数学付録

本書の本文では数式を全く使わずに直感的な説明をすることを試みています。この付録では、数式による証明に興味のある読者の方に向けて、なぜランダムなグループ分けをすると因果関係としての平均的介入効果を測定することができるのか、という点と、第5章で紹介した「平行トレンド仮定」について数学的な記述を行います。この他の点についての厳密な数学的説明に関心のある方は、第8章で紹介した参考図書をご覧ください。

この数学付録の数式の理解は本文の内容を理解するために必須ではありません。そのため、興味のある方だけに読んでいただければと思っています。

1）個人レベルの介入効果を定義する

Rubin (1974) に従って、個人ｉに対する介入効果（τ_i）を以下のように定義します。

$$\tau_i \equiv Y_i^T - Y_i^C$$

ここで、Y_i^Tは個人ｉが介入を受けた場合の結果を示し、Y_i^Cは個人ｉが介入を受けなかった場合の結果を示しています。個人ｉは介入を受けるか受けないかのどちらかであるため、Y_i^TとY_i^Cの両方をデータとして観測することはできません。よって、個人レベルのτ_iを測定することは現実的には不可能なのです。

2）平均介入効果を定義する

ここで、複数人のサンプルに対して、平均介入効果：Average Treatment Effect（τ^{ATE}）を以下のように定義します。

伊藤公一朗（いとうこういちろう）

シカゴ大学公共政策大学院ハリススクール助教授。1982年宮城県生まれ。京都大学経済学部卒、カリフォルニア大学バークレー校博士課程修了（Ph.D.）。スタンフォード大学経済政策研究所研究員、ボストン大学ビジネススクール助教授を経て、2015年より現職。全米経済研究所（NBER）研究員、経済産業研究所（RIETI）研究員を兼務。専門は環境エネルギー経済学、産業組織論、応用計量経済学。シカゴ大学では、環境政策・エネルギー政策の実証研究を行う傍ら、データ分析の理論と応用について大学院生向けの講義を行う。個人ウェブサイトは www.koichiroito.com

データ分析《ぶんせき》の力《ちから》 因果関係《いんがかんけい》に迫《せま》る思考法《しこうほう》

2017年4月20日初版1刷発行
2018年2月10日　10刷発行

著　者 ── 伊藤公一朗
発行者 ── 田邉浩司
装　幀 ── アラン・チャン
印刷所 ── 近代美術
製本所 ── 榎本製本
発行所 ── 株式会社光文社
東京都文京区音羽1-16-6（〒112-8011）
http://www.kobunsha.com/
電　話 ── 編集部03（5395）8289　書籍販売部03（5395）8116
業務部03（5395）8125
メール ── sinsyo@kobunsha.com

 ISBN 978-4-334-03986-8

866
キリスト教神学で読みとく共産主義
佐藤優

ロシア革命100周年――トランプ大統領の勝利は、労働者階級の勝利か？　世界を覆う格差・貧困。新自由主義＝資本主義が生み出す必然に、どう対峙するか？

978-4-334-03969-1

867
〈オールカラー版〉珍奇な昆虫
山口進

「ジャポニカ学習帳」の表紙カメラマンが綴る昆虫探訪記。潜水して獲物を狩るアリ、幼虫が掌サイズの巨大カブト、砂漠を高速で走るゴミムシダマシ…希少な場面をカラーで堪能！

978-4-334-03970-7

868
シン・ヤマトコトバ学
シシドヒロユキ

よい言霊《ことたま》は、よい結果をもたらす――日本列島の母語「大和言葉」が持つ、人の心や大自然とつながる力とは。日々口遊《くちずさ》むことをお薦めしたい祝詞《のりと》や和歌に加え、伝説や逸話も紹介。

978-4-334-03971-4

869
ルポ　ネットリンチで人生を壊された人たち
ジョン・ロンソン
夏目大 訳

自らの行動やコメントが原因で大炎上し、社会的地位や職を失った人たちを徹底取材。その悲惨さを炙り出すとともに、加害者の心理、個人情報を消す方法までを探る。

978-4-334-03972-1

870
世界一美味しい煮卵の作り方
家メシ食堂　ひとりぶん100レシピ
はらぺこグリズリー

人気ブログ「はらぺこグリズリーの料理ブログ」を運営する著者による、「適当で」「楽で」「安くて」「でも美味しい」厳選料理レシピ集。家メシ、ひとりメシが100倍楽しくなるぞ！

978-4-334-03973-8

871
すべての教育は「洗脳」である
21世紀の脱・学校論
堀江貴文
学校は「尖った才能」を潰す〝凡人〟生産工場である。その軛から逃れるには、「好きなこと」にとことんハマればいい。真に自由な生き方を追求するホリエモンが放つ本音の教育論。
978-4-334-03974-5

872
おひとり京都の晩ごはん
地元民が愛する本当に旨い店50
柏井壽
京都のひとり旅で最も難渋するのは晩ごはんではないか――。年間100回以上の「ひとり晩ごはん」を楽しむ京都在住の著者が、足繁く通う店を厳選。出張・旅行で、もう困らない！
978-4-334-03975-2

873
イケてる大人　イケてない大人
シニア市場から「新大人市場」へ
博報堂　新しい大人文化研究所
45～69歳の大人男性層、および20代の男女若者層に対して行われた「イケてる大人の意識・実態調査」をベースに、どんな行動や態度がイケてるか、イケてないかをあぶり出す！
978-4-334-03976-9

874
育児は仕事の役に立つ
「ワンオペ育児」から「チーム育児」へ
浜屋祐子　中原淳
残業大国・日本の働き方は、共働き世帯が変えていく。「育児経験がリーダーシップ促進など、ビジネスパーソンによい影響を与える」という画期的研究を元に、未来の働き方を考える。
978-4-334-03977-6

875
トランプが戦争を起こす日
悪夢は中東から始まる
宮田律
アメリカ歴代大統領の大きな課題、対中東戦略。しかし、新政権からは「反・嫌イスラム」の発言が相次ぐ。不穏な空気が流れ始めた、アメリカ―中東関係の「危険な未来」を読む。
978-4-334-03978-3

876
天皇125代と日本の歴史
山本博文
天皇を知れば、日本史がわかる。国家が見えてくる。すべての天皇を網羅する東京大学史料編纂所の名物教授による画期的な天皇史。生前退位を知るために今押さえておきたい一冊！
978-4-334-03980-6

877
巨大企業は税金から逃げ切れるか？
パナマ文書以後の国際租税回避
深見浩一郎
超富裕層やグローバル企業に富が偏在する現代。私たちは国際的租税回避問題とどう向き合うべきか。「次なるタックス・ヘイブン」は生まれるのか。新たな社会システムの胎動を読む。
978-4-334-03981-3

878
データ分析の力
因果関係に迫る思考法
伊藤公一朗
因果関係を見極めることは、ビジネスや政策における様々な現場で非常に重要だ。本書では数式を使わず、ビジュアルによって、因果関係分析に焦点を当てたデータ分析の入門を展開する。
978-4-334-03986-8

879
風俗嬢の見えない孤立
角間惇一郎
「断たれるセカンドキャリア」や「なんともいえない生きづらさ」……etc。のべ五〇〇〇人以上の風俗嬢の生の声からわかった、「夜の世界」からみた日本社会の課題とは。
978-4-334-03984-4

880
子育てに効くマインドフルネス
親が変わり、子どもも変わる
山口創
「今、ここ」に意識を向けるマインドフルネスで、子育てが楽になり、心も脳も強くなる——身体心理学者が最新の研究成果を交えつつ、親が、そして子どももできる実践法を紹介する。
978-4-334-03985-1